Cornelia Eidmann
Martin Nusch

WDR 2
50 Dinge

Das muss ein Nordrhein-Westfale getan haben

IMPRESSUM

Eine Aktion von WDR 2
© WDR, Köln
Agentur: WDR mediagroup licensing GmbH

© 2011 ZEITGEIST MEDIA GmbH
Niederkasseler Str. 2, 40547 Düsseldorf
Tel. 0211/556255, info@zeitgeistmedia.de

Autoren Cornelia Eidmann, Martin Nusch

Redaktion ZEITGEIST MEDIA
Katharina Fleischer, Lara Christoffel

Gestaltung Marcus Eckhardt

Bildnachweis Seite 160

Druck Central-Druck, Heusenstamm

Alle Angaben ohne Gewähr.

ISBN 978-3-934046-32-0

Inhalt

Erledigt ✔

SOMMER-SPEZIAL

Die „Hitliste" auf einen Blick

Die Zahlen in den roten Kästchen stehen für die Platzierung in der Hitliste der Radioaktion „50 Dinge, die ein Nordrhein-Westfale in seinem Leben getan haben muss". Die römischen Ziffern zeigen die Themen des Sommer-Spezials an. Über die Nummern finden Sie auch im Inhaltsverzeichnis auf Seite 2 und 3 schnell das, was Sie suchen.

Diese Dinge können Sie an vielen Stellen in NRW erleben:

6   9   11   22   24   34   35   36   II   IV   V

Vorweg gesagt ...

„Wann ist ein Nordrhein-Westfale ein Nordrhein-Westfale?", frei nach Herbert Grönemeyer. Muss man im Bundesland NRW geboren sein? In mindestens drei Städten im Land gewohnt haben? Muss man ein Bergmann oder eine Karnevalistin sein? Was muss ein Nordrhein-Westfale in seinem Leben getan haben?

WDR 2 wollte es genau wissen und stellte diese Frage seinen Hörern. Die antworteten prompt und sehr zahlreich: Innerhalb von zwei Wochen haben sie per E-Mail und WDR 2 Hotline weit mehr als 10.000 Dinge in Nordrhein-Westfalen vorgeschlagen. Das Team von WDR 2 hatte alle Hände voll zu tun, alle Vorschläge zu sichten.

Sofort machten sich die WDR 2 Moderatoren auf den Weg, um einige der Dinge auszuprobieren: Sie stiegen in Bergwerke, auf Abraumhalden, setzten sich in Straßen-, Achter- und Schwebebahnen, sie verbrannten sich die Zunge an heimischen Spezialitäten und schauten tief in den glühenden Schlund eines Hochofens. Und sie berichteten live auf WDR 2 darüber.

Stefan Vogt ratterte auf Schienen durch NRW

Reise in die Tiefe des Berges mit Katrin Schmick

Dinge, die die Hörer besonders oft vorgeschlagen haben und solche, die kurios oder einfach typisch für NRW sind, stellte die Redaktion im November 2010 auf der Internetseite des Senders zur Wahl. Die Nordrhein-Westfalen haben dann innerhalb weniger Tage ihre 50 Dinge gewählt – die bisher einzigartige Rangliste der Dinge, die ein Nordrhein-Westfale in seinem Leben getan haben muss.

Viele tolle Hörervorschläge schafften es zwar nicht in die Top 50, aber ins Radio und in dieses Buch. Im Sommer 2011 waren die WDR 2 Moderatoren wieder unterwegs, um besonders schöne Hörervorschläge zu testen. Wir stellen Sie Ihnen in der Buchmitte vor. Sie erkennen das Sommer-Spezial am farbigen Rand.

Nun wünschen wir Ihnen viel Spaß beim Stöbern in der Hitliste, und beim Herausfinden Ihrer persönlichen Favoriten!

Lassen Sie sich inspirieren, welche der Ziele oder Aktivitäten Sie vielleicht gerne einmal ausprobieren würden. Sie werden sicherlich das eine oder andere Neue kennen lernen, hier und da möglicherweise auch überrascht sein, was es in Nordrhein-Westfalen alles zu erkunden gibt.

Hier sind die 50 Dinge: Das muss ein Nordrhein-Westfale in seinem Leben getan haben – komplett zum Nachlesen mit Service-Adressen.

Cornelia Eidmann
Martin Nusch

Aufgetaucht: Heike Knispel nach Rheinunterquerung

Auf Tuffis Spuren: Stefan Quoos in der Schwebebahn

Gudrun Höpker entdeckte NRW kulinarisch

Das WDR-Funkhaus am Kölner Wallrafplatz. Im dritten Stock befinden sich die Studios von WDR 2. Von hier aus versorgen Redakteure, Moderatoren und Reporter die Menschen in NRW mit aktuellen Informationen, Service und guter Musik für ihren Tag. Mithilfe der Hörer im ganzen Land ist hier auch die Rangliste der 50 Dinge entstanden, die ein Nordrhein-Westfale in seinem Leben getan haben muss.

Noch Fragen? Da hilft die WDR 2 Hotline: 0221 / 56789222

1

WDR 2 Moderatorin Katrin Schmick in der Kluft der Grubenmänner

Einmal in ein Bergwerk einfahren

Mit den Kumpels wird der Tag zur Nacht

Bereits unter den Vorschlägen der Hörerinnen und Hörer war das Erlebnis „Bergwerk" eines der meistgenannten – und bei der Abstimmung landete es mit nur einer Stimme Vorsprung auch auf dem ersten Platz. Die Arbeit unter Tage, fanden viele WDR 2 Hörer, hat Nordrhein-Westfalen und vor allem natürlich das Ruhrgebiet zu dem gemacht, was es ist.

Hauptsächlich im Ruhrgebiet wird seit dem 13. Jahrhundert Steinkohle gewonnen. Heutzutage gibt es nicht mehr viele Bergwerke, in denen Kohle gefördert wird. Damit sind leider auch die Chancen geringer geworden, einmal eines von innen zu sehen. Die RAG Deutsche Steinkohle sieht sich einem riesigen Besucherandrang gegenüber: „Wir haben seit 50 Jahren ein gleichmäßiges In-

Vor der Einfahrt in den Schacht kann es einem schon mal mulmig werden

teresse an Grubenfahrten, aber inzwischen kaum noch Bergwerke", sagt der Pressesprecher der RAG. Und nach den Beiträgen auf WDR 2 im November 2010 waren die Besuchertouren sofort und schlagartig für die nächsten Monate ausgebucht.

Vor der Einfahrt in den Schacht steht – nach dem Problem, an einen Termin zu kommen – die Überwindung: Will man sich wirklich mit einem Förderkorb mehr als tausend Meter tief in die Erde bringen lassen? Wie wird es da unten sein? Bekommt man genügend Luft – oder muss man sogar mit Panikattacken kämpfen? Das waren Fragen, die auch WDR 2 Moderatorin Katrin Schmick umtrieben, als sie das Ganze einmal ausprobieren sollte.

Für die Tour unter Tage musste sie erstmal die Kleidung wechseln: Helm, Kluft, Stiefel, Gürtel und Lampe hat sie in der Kaue angelegt. Danach, im Förderkorb, umgeben von den Bergleuten, waren die Bedenken schnell wie weggeblasen. Mit zwölf Metern pro Sekunde ging es nach unten, begleitet von auf-

munternden Sprüchen und Schulterklopfen der anderen Passagiere, die diese Fahrt jeden Tag unternehmen. Und unten war es dann gar nicht eng und furchteinflößend, sondern eigentlich ganz nett. Die Gänge sind hoch und verblüffend aufgeräumt und sauber: „Ich hätte nicht gedacht, dass das Bergmannshandwerk so ein ordentliches Handwerk ist", berichtete Katrin Schmick per Grubentelefon aus über 1.200 Metern Tiefe.

Das Bergwerk, aus dem sie sich meldete, war die Zeche Auguste Victoria in Haltern,

Stiefel und Helme werden den Besuchern gestellt

Ungewöhnlicher Reporter-Arbeitsplatz 1.200 Meter unter der Erde

genaugenommen unter Haltern. Schacht 8, sechste Sohle. Ist man dort unten aus dem Förderkorb geklettert, geht es auf eine Wanderung, drei Kilometer durch die Zeche, um zum „Streb" zu kommen. Das ist der Ort, an dem die Kohle tatsächlich abgebaut wird. Hier ist nicht mehr so viel Platz wie in den breiten Gängen vom Anfang. Außerdem herrscht ein Höllenlärm.

Zurück zum Förderkorb sind es dann noch mal drei Kilometer. An einer Stelle, erzählte die Moderatorin, sei sie sich vorgekommen „wie in der Toskana": Grillen zirpten da, so dass sie sich mit etwas Fantasie gut vorstellen konnte, auf einer Terrasse in Italien zu sitzen. Warm ist es da unten ja auch.

Mäuse gibt es ebenfalls in so einem Bergwerk, und die so genannten Dieselkatzen. Das sind allerdings keine Tiere, sondern Maschinen: Der Transport von Material funktioniert in den langen Gängen mithilfe von Schwebebahnen. Unter den Decken hängen stabile Stahlschienen, an denen schmale

Züge entlang fahren können, gezogen von eben jenen Dieselkatzen.

Worauf man verzichten muss, ist modischer Schick. Helme sind obligatorisch und mit der Arbeitskleidung der Kumpels kann man sich auf einem Laufsteg kaum blicken lassen. Nach der Wanderung durch das Bergwerk hat der Kohlestaub dann aber alle gleichmäßig geschwärzt („dreckig bis in die Ohren!") und die Eindrücke in tausend Metern Tiefe drängen Modefragen in den Hintergrund. Sowieso geht es unter Tage eher freundlich-derb zu. Alle sind per Du. „Für lange Nachnamen hat hier ja keiner Zeit", erklärte Katrin Schmick in ihrer Reportage.

Wie bereits erwähnt: Es ist nicht ganz einfach, ein echtes Kohlebergwerk besuchen zu dürfen – zumal es ja immer weniger werden. Aber mit etwas Vorlauf und Geduld gibt es eine Chance. Und für alle, die trotzdem Pech haben: Im Infokasten sind einige weitere Adressen, die ebenfalls Erlebnisse rund um den Bergbau bieten. Glück auf!

So kommen Sie an die Kohle

Über die Website www.rag-deutsche-steinkohle.de findet man unter dem Menüpunkt „Betriebe" Ansprechpartner für Grubenfahrten in die verbliebenen **Bergwerke Prosper-Haniel in Bottrop** und **Auguste Victoria in Haltern**. Allerdings sind die wenigen Plätze auf viele Monate im Voraus ausgebucht. Alternativ bietet sich das **Trainingsbergwerk Recklinghausen** an. Hier können Besucher Originalmaschinen und -ausrüstungen des Bergbaus in Aktion erleben. Führungen finden werktags nach vorheriger Anmeldung statt:

Wanner Str. 30 in 45661 Recklinghausen,
Anmeldung unter Tel.: 02361 / 308223, E-Mail: uwe.reichelt@rag.de

Museen
Wer sich sowieso nicht in die Tiefe traut, kann im **Deutschen Bergbau-Museum Bochum** Zechenluft schnuppern. Unter dem Museum befindet sich in 20 Metern Tiefe ein „der Realität nachgebildetes Anschauungsbergwerk".

Am Bergbaumuseum 28 in 44791 Bochum
Tel.: 01805 / 877234 (EUR 0,14/Min. aus dem dt. Festnetz), www.bergbaumuseum.de
Geöffnet: Di-Fr 8.30-17 Uhr, Sa/So, Feiertage 10-17 Uhr, Eintritt: EUR 6,50, erm. EUR 3,-

Das **Besucherbergwerk Nachtigallstollen** gehört zum Westfälischen Landesmuseum für Industriekultur. Hier geht es waagerecht in den Berg, warme Kleidung wird empfohlen.

Nachtigallstr. 35 in 58452 Witten
Tel.: 02302 / 936640, www.lwl-industriemuseum.de (Menüpunkt „Acht Orte")
Termine: April-Okt.: Di-Fr 11, 13, 15, 17 Uhr, Sa/So stündlich 11-17 Uhr;
Nov.-März: Di-So 11, 13, 15, 17 Uhr
Kosten Führung: EUR 2,-, Kinder EUR 1,- (zzgl. Eintritt Museum)

Im Sauerland gibt es das **Bergbaumuseum und Besucherbergwerk Ramsbeck**. Hier geht es um die Eisenerz-Förderung. Schutzkleidung und Helm gibt es vor Ort.

Glück-auf-Str. 3 in 59909 Bestwig-Ramsbeck
Tel.: 02905 / 250, www.sauerlaender-besucherbergwerk.de
Geöffnet: Di-So 9-17 Uhr (letzte Einfahrt 16 Uhr), Oster- und Pfingstmontag geöffnet, in der Winterpause im Dez./Jan. Zeiten telefonisch erfragen
Eintritt (Museum inkl. Bergwerk): EUR 7,50, Kinder EUR 5,-

Die wohl beeindruckendste Bergbauanlage Europas mit stillgelegter Zeche, Kokerei und dem Ruhr Museum ist das **UNESCO Welterbe Zollverein**. Die Vergangenheit des Steinkohlebergwerks kann man z. B. auf der Führung „Über Kohle und Kumpel" erleben.

Gelsenkirchener Str. 181 in 45309 Essen, Tel.: 0201 / 246810, www.zollverein.de

2

Zugfolge nach Fahrplan außer Betrieb! Haltestelle La

Pünktlich im 5-Minuten-Takt: ohne die Schwebebahn wäre Wuppertal nicht dasselbe

Mit der Wuppertaler Schwebebahn fahren

Der Kaiser war der erste Passagier

„Guck mal Mama, der Zug steht auf dem Kopf." Beim ersten Anblick der Wuppertaler Schwebebahn ist mancher Knirps erschrocken, und darauf sind die Wuppertaler mächtig stolz. Neben den schier zahllosen Treppen in der Stadt ist sie das Wahrzeichen von Wuppertal. Wie eine orange-blaue Raupe schlängelt sie sich durch das Tal. Wer Wuppertal kennenlernen will, sollte in Vohwinkel einsteigen und bis zur Endhaltestelle (Oberbarmen) sitzen bleiben. Es geht durch schöne und nicht ganz so schöne Stadtteile, ein großes Stück schwebt man direkt über der Wupper, denn ihr Tal ist eng. Links und rechts geht es steil bergauf. Die Wupper ist erstaunlich sauber.

Fische und Graureiher sind unterwegs und stören sich kaum an den Stahlwagen, die über sie hinwegdonnern.

Die Bahn schwebt durch Jugendstilbahnhöfe (Werther Brücke) und moderne Glaskonstruktionen (Kluse/Schauspielhaus), an Kirchen, dem Stadion und auch den Bayer-Werken vorbei. 13,3 Kilometer sind es von Vohwinkel bis Oberbarmen, und täglich fahren fast 90.000 Menschen mit der Schwebebahn – sie ist hier das ganz alltägliche Verkehrsmittel, nichts Besonderes.

Und so können die Wuppertaler über den staunenden WDR 2 Moderator Stefan Quoos nur lächeln. Wie viele Erstfahrer ist auch er vollkommen hin und weg von der Technikkonstruktion und den sanft schaukelnden Wagen. Beim Einsteigen gibt ihm ein Wuppertaler noch den Tipp: „Gut festhalten!" Und nach kurzer Zeit weiß Stefan Quoos dann auch warum: „Oh je, wir gehen aber ordentlich in die Kurve." Die mächtigen Stahlsäulen links und rechts rasen an den Fenstern entlang.

Stefan Quoos ist erstaunt, wie nah man an den Häusern ist: „Ich kann den Leuten regelrecht auf die Kaffeetafel schauen." Er winkt den Kaffeetrinkern zu, aber die schauen gar nicht mehr zurück. Schließlich fährt alle drei bis fünf Minuten eine Bahn an ihrem Wohnzimmer vorbei.

Geplant war die Wuppertaler Schwebebahn eigentlich als Modell für weitere Städte. Berlin und auch London waren im Gespräch, aber daraus wurde nichts. Kommentar des WDR 2 Moderators: „Die Schwebebahn, das ist der Transrapid des 19. Jahrhunderts. Eine tolle technische Innovation, die sich leider nicht durchsetzte."

Dabei fährt sie seit 110 Jahren fast unfallfrei. 1999 gab es wegen Reparaturarbeiten und einer vergessenen Stahlklemme ein schweres Unglück mit fünf Toten. Bis dahin

Gut festhalten! WDR 2 Moderator Stefan Quoos staunt über die Technik

war nur ein gravierender Unfall aktenkundig, der allerdings hatte die Schwebebahn weltberühmt gemacht:

Ein Zirkusdirektor hatte 1950 die glorreiche Idee, mit einem jungen Elefanten über die Wupper zu schweben – samt Blitzlicht-Fotografen und jeder Menge Schaulustiger. Eine amüsante Werbeaktion. Dass Tuffi, der Elefant, das nicht ganz so lustig finden könnte, darauf war niemand gekommen.

Dem kleinen Kerl war's zu voll, zu laut und vor allen Dingen viel zu weit von der Erde entfernt. Kurzum: Er hatte den Rüssel gestrichen voll, durchbrach die Seitenwand des Waggons und sprang in die Tiefe. Glücklicherweise fing ihn die Wupper mit ihrem Wasser halbwegs sanft auf, sodass er mit einer Schramme am Po und einem gehörigen Schrecken davon kam. Seitdem ist Tuffi der berühmteste Elefant Deutschlands. Nach ihm ist eine Milch benannt, und an der Sprungstelle ist immer noch ein Tuffi-Gemälde an der Wupperwand zu sehen.

Noch eine andere Berühmtheit half den Wuppertalern zu Beginn, sich an das neue Transportmittel zu gewöhnen: Bereits vor der offiziellen Einweihung ließ es sich seine Majestät Kaiser Wilhelm II nicht nehmen, nebst Gattin Auguste Viktoria im Oktober 1900 eine Probefahrt zu machen. Die Zeitung schrieb am nächsten Tag: „Ruhig und sicher glitt der Wagen mit seiner theuren Last hinaus auf seinen luftigen Weg." Geblieben ist von dieser Fahrt noch der nostalgische Kaiserwagen, der am Wochenende Ausflügler kutschiert. Kaffee und Kuchen inklusive.

Die Schwebebahn ⓘ

Einweihung: 1900
Streckenlänge: 13,3 km
Haltestellen: 20
Höchstgeschwindigkeit: 60 km/h
Jährliche Fahrgastzahl: ca. 25 Mio.
Fahrtdauer: 39 Min.
Fahrpreis: EUR 2,30 (Stufe A)

Infos zum Kaiserwagen und zu Stadtrundfahrten gibt es bei der Wuppertal Touristik
Tel.: 0202 / 19433 oder 5632270
www.schwebebahn.de
www.kaiserwagen.de
Fahrplan und Preise unter
www.wsw-online.de

Buchtipp
„Wuppertal. Faszination Schwebebahn. Eine Zeitreise von Vohwinkel bis Oberbarmen", Kurt Schnöring, Herkules Verlag, EUR 9,90

Schweben über der Wupper

Der Kölner Dom – laut Umfrage die beliebteste Sehenswürdigkeit Deutschlands

Auf den Turm des Kölner Doms steigen

Gute Aussichten – Köln von oben

Nordrhein-Westfalen ist gar nicht so flach, wie man auf den ersten Blick vermuten könnte. Neben Gegenden wie der Eifel, dem Sauerland und dem Bergischen Land bieten auch die zahlreichen Abraumhalden im Ruhrgebiet einen wirklichen Weitblick. Für echte Kölsche gibt es noch ein zusätzliches Kriterium für Sehenswürdigkeiten, das nur wenige Berggipfel und Anhöhen in NRW auszeichnet: Man muss von da aus auch Köln sehen können! Denn seine Stadt betrachtet der Kölner nun mal am allerliebsten.

Wie günstig, dass schon vor über tausend Jahren damit begonnen wurde, hier eine große Kirche samt Türmen zu bauen. Es hat dann zwar ein Weilchen gedauert, bis alles fertig war, aber jetzt kann man hochsteigen und hat einen tollen Blick. Jedes Jahr genie-

17

ßen 500.000 Menschen den grandiosen Eindruck hier oben. Die Aussichtsgalerie liegt auf knapp 100 Metern Höhe auf dem Südturm, darüber sind dann nur noch die 50 Meter Kirchturmspitze.

Für Leute, die nicht gerne Treppen steigen, sei hier eine Warnung angebracht: Vom Eingang (in dem neuen Kubus neben dem Turm) bis ganz nach oben zur Besucherplattform sind es genau 533 Stufen. Den größten Teil der Strecke geht es dabei immer rechts rum die steinerne Wendeltreppe rauf. Die letzte Etappe führt über eine Metallkonstruktion. Hier wird es möglicherweise dem einen oder anderen auch schwindlig, denn man kann – anders als in der Wendeltreppe – an den Stufen vorbei nach unten sehen. In diesem Falle hilft: Nach oben schauen und weiter! Es lohnt sich. Und: Der Rückweg verläuft dann komplett über Steintreppen.

Auf dem Weg in die Turmspitze kommt man am Glockenraum vorbei. Hier kann man einen Abstecher machen und die Glocken einmal umrunden. Die größte – der Dicke Pitter – geriet Anfang 2011 in die Schlagzeilen: Beim Läuten am 6. Januar krachte der 800 Kilo schwere Klöppel aus seiner Aufhängung. Der Aufschlag des Klöppels auf der Wartungsplattform (wenige Meter unterhalb) wurde sogar von der Erdbebenstation in Bensberg gemessen.

Ach ja: Es gibt auch eine Luxusversion der Dombesteigung. Die führt nicht die Wendeltreppe hinauf, sondern über einen Aufzug und ein Baugerüst: Die Dombauverwaltung bietet geführte Touren über das hohe Dach der Riesenkirche an. Das ist nicht ganz so hoch wie die Aussichtsplattform, dafür ist die Teilnehmerzahl limitiert – und das Ganze fühlt sich auch abenteuerlicher an, aber nur für Schwindelfreie.

Der herrliche Blick von oben auf die Kölner Altstadt und den Rhein

Aus 100 Metern Höhe und durch das Gitter wirkt alles winzig

So geht's nach oben

Turmbesteigung
Zugang über Kiosk auf dem Roncalliplatz in 50667 Köln
www.koelner-dom.de (Menüpunkt „Informationen", „Öffnungszeiten")
Geöffnet: Jan./Feb., Nov./Dez.: 9-16 Uhr, März/April, Okt.: 9-17 Uhr, Mai-Sept.: 9-18 Uhr,
Karfreitag, Ostersonntag und -montag geöffnet
Eintritt: EUR 3,-, erm. EUR 1,50

Führungen über das hohe Dach
Nur für schwindelfreie Teilnehmer ab 16 Jahren!
Anmeldung und Zeiten unter Tel.: 0221 17940555 (Mo-Do 10-13 Uhr)
www.dombau-koeln.de (Menüpunkt „Führungen")
Kosten Führung: Einzelperson EUR 10,-, Gruppe (max. 17 Personen) EUR 105,- bis 135,-
(Große Nachfrage, Geduld mitbringen!)

Der Dom
▶ Zweithöchstes Kirchengebäude der Welt (157,38 Meter,
  nur das Ulmer Münster ist 4,15 Meter höher)
▶ Baubeginn 1248, um 1510 eingestellt, Vollendung 1848-1880
▶ Grabstätte der „Heiligen drei Könige"
▶ Seit 1996 UNESCO-Weltkulturerbe
▶ Circa 20.000 Besucher täglich

Es ist DAS Revierderby von NRW: Schalke 04 gegen Borussia Dortmund

Einmal Dortmund gegen Schalke erleben

Wie Fußball den Ruhrpott kochen lässt

Im Ruhrgebiet hat der Fußball für viele Menschen eine ganz besondere Bedeutung. Das hat Gründe, die in der Industriegeschichte der Region liegen. Im Fußball konnte man zeigen, dass man den wohlhabenderen und schickeren Gegenden durchaus ebenbürtig war. Im Stadion ver-

mochten die Malocher aus den Berg- und Stahlwerken auch einmal über Leute aus den anderen Landesteilen zu triumphieren.

Ein besonderes Duell ist traditionell die Begegnung der Vereine aus Gelsenkirchen und Dortmund. Hier gehen die Emotionen richtig hoch. Betrachtet man die Bundesliga-Matches vom Ballspielverein Borussia 09 e. V. Dortmund und dem Fußballclub Gelsenkirchen-Schalke 04 e. V., stellt man fest, dass die Bilanz fast ausgeglichen ist. Das macht es natürlich besonders spannend. Heimspiele wurden mehrheitlich gewonnen, aber sicher ist das natürlich nicht!

Am 2. April 1974 wurde das Dortmunder Westfalenstadion mit einem Freundschaftsspiel(!) der ewigen Rivalen eröffnet. Die Schalker gewannen mit 3:0. Dazu sollte man allerdings sagen, dass Schalke 04 zu der Zeit in der Bundesliga kickte, während die Dortmunder nur in der Regionalliga West unterwegs waren.

Knapp 30 Jahre später fieberten die Spieler und Fans aus Gelsenkirchen erneut einem wichtigen Sieg gegen die Borussen entgegen. Das Spiel am 30. Januar 2004 im Dortmunder Stadion hatte symbolträchtige Bedeutung: Seit 1903 Tagen hatten die Königsblauen nicht gegen Dortmund verloren – noch einen Tag und die magische 1904, das Gründungsjahr des Vereins, wäre geschafft. Zwei gehaltene Elfmeter und ein Tor in der 89. Minute führten zum Sieg der Schalker, WDR 2 Sportreporter Manni Breuckmann sagte nach der Partie: „In diesem Jahr werden in Dortmund Kinder eingeschult, die noch nie einen Sieg gegen Schalke erlebt haben."

Erfolg und Niederlage liegen im Fußball häufig nicht weit auseinander. Und weil wir nicht wissen, wann Sie dieses Buch lesen, können wir auf den aktuellsten Stand des ewigen Duells nicht eingehen. Als deutscher

Meister sind die Dortmunder Fans in den Mai 2011 getanzt – aber im Fußball ist der Ball eben rund.

Wie sich dieses Dortmund-Schalke-Ding wirklich anfühlt, und was die Begegnung der ewigen Rivalen so speziell macht, das kann man nicht erklären, das muss man einfach selbst erlebt haben.

Revierderby im 21. Jahrhundert – alle Ergebnisse

04.02.2011	BVB - S04	0 : 0
19.09.2010	S04 - BVB	1 : 3
26.02.2010	S04 - BVB	2 : 1
26.09.2009	BVB - S04	0 : 1
20.02.2009	S04 - BVB	1 : 1
13.09.2008	BVB - S04	3 : 3
10.02.2008	BVB - S04	2 : 3
18.08.2007	S04 - BVB	4 : 1
12.05.2007	BVB - S04	2 : 0
10.12.2006	S04 - BVB	3 : 1
04.02.2006	S04 - BVB	0 : 0
13.08.2005	BVB - S04	1 : 2
14.05.2005	S04 - BVB	1 : 2
05.12.2004	BVB - S04	0 : 1
30.01.2004	BVB - S04	0 : 1
02.08.2003	S04 - BVB	2 : 2
22.02.2003	S04 - BVB	2 : 2
14.09.2002	BVB - S04	1 : 1
16.02.2002	BVB - S04	1 : 1
15.09.2001	S04 - BVB	1 : 0
24.02.2001	S04 - BVB	0 : 0
23.09.2000	BVB - S04	0 : 4

Live dabei sein

Bei den Borussen
Signal Iduna Park, Strobelallee 50 in 44139 Dortmund
Ticket-Hotline: 01805 / 309000 (0,14 EUR/Min. aus dem dt. Festnetz)
www.bvb.de
Tageskarten: Stehplatz EUR 14,90, Sitzplatz ab ca. EUR 28,-. Bei „Topspielen"
wie gegen Schalke kommen 20 % Zuschlag drauf.

Auf Schalke
Veltins-Arena, Adenauerallee/Willy-Brandt-Allee in 45891 Gelsenkirchen
Ticket-Hotline: 01805 / 150810 (0,14 EUR/Min. aus dem dt. Festnetz)
www.schalke04.de
Tageskarten: Stehplatz EUR 15,-, Sitzplatz ab EUR 30,-. Auch hier gibt es einen
„Topzuschlag" (Stehplatz plus EUR 4,-, Sitzplatz plus EUR 10,-).

Interview mit Sven Pistor

Sven Pistor moderiert seit 2003 jeden Samstag WDR 2 Liga Live.
Vier Fragen an ihn zum Thema Schalke gegen Dortmund:

Was ist das Besondere an dieser Paarung: Schalke – Dortmund?
Das liegt an Muttermilch und Tradition. Schalke gegen Dortmund ist eben
Schalke gegen Dortmund. Mehr geht nicht!

**Kann man sich als Außenstehender ins Stadion trauen?
Gibt es vielleicht Verhaltenstipps?**
Wer Karten kriegt, muss hingehen. Kleiner Tipp: Bei der
Kleiderwahl auf Farben achten. Schwarz-gelb im Schalker
Block ist mutig. Aber wer auf Bierduschen steht, sollte
auch damit keine Probleme haben ...

Sind Radioreporter dabei unparteiisch?
Ja. Punkt! Zumindest die von WDR 2.
Alles andere wäre Banane.

Moderator Sven Pistor

Gibt es noch andere Paare mit ähnlicher emotionaler Qualität?
Eine große Nummer in NRW ist auch das Spiel Gladbach gegen Köln. Das war mal
das Duell Netzer gegen Overath und es ist bis heute ein Klassiker geblieben.

Vorbei an Burgen und Industriekultur führt der RuhrtalRadweg bis zur Mündung der Ruhr in den Rhein

Mit dem Rad an der Ruhr entlangfahren

Natürlich von der Quelle bis zur Mündung

Der RuhrtalRadweg begleitet die Ruhr rund 230 Kilometer lang. Das Schönste: es geht eigentlich immer nur bergab – natürlich nur, wenn man von der Quelle Richtung Mündung fährt.

Von Winterberg (Quelle) bis nach Duisburg (Mündung in den Rhein) sieht man vieles, was das Land ausmacht: Städte und zau-

berhafte Landschaft, bergiges Sauerland und relativ flaches Ruhrgebiet. Es geht vorbei an Schlössern, Burgen, Mühlen, Kraftwerken, Zechen, durch Naturschutz- und Industriegebiete.

An ihrer Quelle ist die Ruhr allerdings wenig beeindruckend: Aus einem Rohr rinnt sie am Ruhrkopf bei Winterberg gemächlich herab. Das ändert sich aber schnell. In Olsberg gluckert sie bereits und spätestens in Fröndenberg ist klar: die Ruhr hat Kraft und ist ein echtes Arbeitstier. Sie treibt Kraftwerke an, speist die Region mit Trinkwasser, ist Naherholungsgebiet und war lange Zeit wichtigster Transportweg im Gebiet (heute werden Güter nur noch auf den letzten zwölf Flusskilometern per Schiff befördert).

Wer es gemächlich angehen lassen will, sollte für den RuhrtalRadweg eine knappe Woche einplanen. Bei einem Tagespensum um die 40 Kilometer bleibt genügend Zeit, die Umgebung kennenzulernen: Zum Beispiel die Bruchhauser Steine (Olsberg). Die sind ein Kulturdenkmal, wirken aber eher wie grobe Hinkelsteine aus einem Asterix-Comic. Oder Ramsbeck und den Wilden Wes-

Am Anfang nur ein Rinnsal, aber idyllisch: die Ruhrquelle bei Winterberg

ten in der Erzmine. Hier gab es 1854 tatsächlich zwar keine Gold- aber immerhin Silbergräberstimmung. Doch der Traum vom „Kalifornien des Sauerlandes" war schnell ausgeträumt, das vermeintliche Silber war doch nur Blei.

Im mittleren Ruhrtal tauchen die ersten Kraftwerke auf. Flussabwärts wird es immer industrieller. Vorbei geht's an stillgelegten Zechen, Fördertürmen und Gasometern, aber auch hier finden sich jede Menge Burgen und alte Sehenswürdigkeiten (zum Beispiel Burg Hardenstein in Witten, Burg Blankenstein bei Hattingen oder Schloss Baldeney bei Essen).

Der See, der nach Schloss Baldeney benannt wurde, ist der größte von fünf Stauseen, die von der Ruhr gespeist werden: Von Holzwickede bis Kettwig passiert man die Stauseen Hengsen, Hengsteysee, Harkort-

see, Kemnader See, Baldeneysee und Kettwiger See. Auf einigen wird gesegelt, gerudert und vieles andere gemacht, was unter den Begriff Wassersport fällt. Andere dienen als Rückzugsort für seltene Tierarten wie Kormorane.

Manchmal muss der Radfahrer dann doch absteigen. Zum Beispiel, wenn der Radweg die Ufer wechselt und man gemütlich auf einer Fähre übersetzen kann (zum Beispiel bei Witten). Oder wenn ein Biergarten am Ufer allzu verführerisch lockt. In Duisburg ist dann Schluss mit der Ruhr. Ohne viel Aufsehen mündet sie in den Rhein.

Die Hotels am Ruhrufer haben sich längst auf die Radler eingestellt: Man kann die durchgeschwitzte Radlerhose aufhängen, das Rad sicher und trocken parken und bekommt ein kohlenhydratreiches Frühstück, um fit für die nächste Etappe zu sein.

Wegweiser für die Ruhr-Tour

Karten, Prospekte und Informationen

Tel.: 01805 / 181620 (0,14 EUR/Min. aus dem dt. Festnetz), www.ruhrtalradweg.de oder www.ruhr-tourismus.de
Tel.: 01802 / 403040 (0,06 EUR/Min. aus dem dt. Festnetz), www.sauerland.com

Wer es zwischendurch bequemer haben möchte, kann sich von Bochum Dahlhausen bis Hagen ein Stück weit mit der nostalgischen Ruhrtalbahn kutschieren lassen. Tel.: 0208 / 309983010, www.ruhrtalbahn.de

Karte: „RuhrtalRadweg", Radwanderkarte, 1: 50 000, Verlag BVA, EUR 9,95

Buchtipps: „Radreiseführer RuhrtalRadweg. In 16 Etappen von der Quelle bis nach Duisburg", Matthias Eickhoff, Bruckmann, EUR 19,95
„Grüne Route Ruhr. Fahrradführer Ruhrgebiet", Wolfgang Berke, Klartext Verlag, EUR 13,95

Laut und fröhlich: Karnevalsumzüge gehören am Rhein zu den Highlights des Jahres

Einmal rheinischen Karneval feiern

Aber nur mit dem richtigen Jeckenruf

Entweder man liebt den Karneval oder man hasst ihn – dazwischen gibt's nichts. Und während die einen ins Rheinland strömen, verlassen es die Karnevalshasser fluchtartig. Für die, die kommen und die, die bleiben, gibt es von Altweiberfastfacht bis zum Aschermittwoch nur eins: feiern, feiern, feiern.

Als Neuling muss man einige Dinge über den Karneval lernen. Zum Beispiel, dass es drei Arten des Feierns gibt: den Sitzungskarneval, den Straßenkarneval und den Kneipenkarneval.

Der Sitzungskarneval ist für die ganz harten Fans, denen die sechs Tage im Frühjahr nicht reichen. Er beginnt traditionsgemäß am elften Elften und steigert sich kurz nach Silvester. Für beinahe jeden Geschmack ist etwas zu haben: für Damen, für Kinder, für politisch Interessierte oder einfach nur für

Schunkler. Egal wie klein die Stadt im Rheinland auch sein mag, eine Karnevalssitzung gibt's überall.

Der Straßenkarneval, an dem mehr oder weniger prachtvolle Züge durch die Städte ziehen, beginnt erst in der heißen Phase, am Donnerstag vor Rosenmontag. Die größten Umzüge, die auch vom Fernsehen übertragen werden, rollen am Rosenmontag durch die rheinischen Städte.

Beim Kamellefangen empfiehlt sich ein wärmendes Ganzkörperkostüm, denn es ist meistens kalt und außerdem regnet es fast jedes Jahr. Kinder schlüpfen in Löwenkostüme, gestandene Männer verwandeln sich in Hummeln. In der Kneipe sollte man so etwas tunlichst nicht tragen, denn erstens fällt man damit sofort als zugezogener Neubürger („Immi", wie's in Köln heißt) auf und zweitens erliegt man nach spätestens zwei Minuten einem Hitzschlag. Für den Kneipenkarneval sind luftigere Kostüme auf jeden Fall die bessere Wahl. Die Theke wird deshalb auch mit überdurchschnittlich vielen Bauchtänzerinnen belagert.

Immer in Vergessenheit gerät die vierte Art, die jecken Tage zu feiern: der An-der-Kneipe-ansteh-Karneval. Wann sonst wartet man gerne zwei, drei Stunden in klirrender Kälte, um danach in einer völlig überfüllten Kneipe doch kein Bier in den Mund, sondern höchstens über den Latz gekippt zu bekommen? Viele Kneipen haben sich darauf eingestellt. Bei ihnen gibt es auch draußen Bier, Musik und Heizstrahler, und so kann der An-der-Kneipe-ansteh-Karneval zu einer sehr vergnüglichen Feier werden.

Die wichtigste Regel für Neulinge: niemals, aber auch wirklich niemals „Helau" und „Alaaf" verwechseln. Da verstehen Karnevalsjecken in Köln und Düsseldorf wirklich null Spaß.

Beachtet man diese paar Regeln, steht dem Karnevalfeiern eigentlich nichts mehr im Wege.

Und wer davon gar nicht genug bekommen kann, tritt am besten in einen Karnevalsverein ein – davon hat das Rheinland sehr viele. Allein in Eschweiler gibt es 22. Bei einer Einwohnerzahl von rund 55.000 ist das eine ganze Menge. Klar, dass der Karneval für das gesamte Stadtleben wichtig ist. In den Vereinen kennt man sich und hilft sich. Und um dem Ganzen die Krone aufzusetzen, gibt's nur eines: „Eimol Prinz zo sin ..."

„Lecker Mädsche" – ein Funkemariechen in Köln

27

Närrisches Treiben

Es gibt unzählige Sitzungen in jeder Session. Hier nur ein paar Beispiele:

Damensitzung
in Düsseldorf (www.karneval-in-duesseldorf.de)
in Langenfeld (www.prinzengarde-langenfeld.de)

Alternative Sitzungen
Strunxsitzung in Aachen (www.strunx.de)
Stunksitzung in Köln (www.stunksitzung.de)
Pink Pantheon in Bonn (www.pink-punk-pantheon.de)

Klassische Prunksitzungen
in Neuss (www.bkg-heimatfreunde.de)
in Köln (www.prinzen-garde.de)

Viele Veranstaltungen sind abfragbar unter www.karneval.com

Tipps für Umzüge
Der größte Rosenmontagszug ist natürlich in Köln. Einmal sollte man den schon gesehen haben. Ansonsten sind die kleinen Züge oftmals die besten – zum Beispiel in Mondorf bei Bonn. Aber auch außerhalb des Rheinlandes gibt es schöne Karnevalsumzüge. Beim Rosenmontagsumzug in Münster beispielsweise sind bis zu 100.000 Zuschauer mit „Helau" dabei. Steinheim nennt sich „heimliche Hauptstadt des Karnevals in Ostwestfalen", und in Duisburg-Hamborn findet einer der größten Kinderkarnevalsumzüge Europas statt.

Die wichtigste Frage am Rosenmontag: Sind da auch genügend Kamelle drin?

Currywurst hat Kultstatus im Pott – Bochum ist die heimliche Currywurst-Hauptstadt

Einmal eine Currywurst in Bochum essen

Und zwar die waschechte „CPM"

Da können die Berliner sagen, was sie wollen: die Currywurst ist im Pott daheim und damit basta. Bei einem Schimanski-Film darf sie genauso wenig fehlen wie das S-c-h-Wort, Herbert Grönemeyer setzte ihr ein musikalisches Denkmal („Gehse inne Stadt, wat macht dich da satt – 'ne Currywurst. Kommse vonne Schicht, wat Schönret gibt et nich als wie Currywurst.") und Atze Schröder nennt sie poetisch „Hamm-Uentroper Carpaccio im Dialog mit Ganges und Mumbai". Nirgendwo sonst in Deutschland werden so viele Currywürste gegessen. Nach inoffiziellen Schätzungen lassen täglich rund 1.700 Schweine für die Currywurst im Ruhrgebiet ihr Leben.

Vielleicht begannen die Berliner ja ein, zwei Jährchen früher damit, Würstchen mit Soße zu übergießen, aber ist das schon eine Currywurst, die so schmeckt wie im Ruhrgebiet?

Der wichtigste Unterschied zur Berliner Currywurst ist die Wurst selbst. Eine Bratwurst muss es sein, keine Brühwurst. Und die Soße darf auch nicht berlinerisch nach Tomatenketchup schmecken, sondern muss dickflüssig und schön scharf sein. Obendrauf noch Currypulver. Lecker!

Klassischerweise stellt man der Currywurst Pommes frites und Mayonnaise zur Seite. Die Bestellung an der Pommesbude lautet dann schlicht: „Einmal CPM, bitte!", wobei zu sagen ist, dass die Buden so gut wie nie „Bude" heißen, sondern so blumige Namen wie „Pommes Deluxe" oder „Wursttempel" tragen.

Wer denn nun wirklich „die beste Wurst, wo gibt" brät, ist nicht eindeutig zu klären, aber nach den Mails der WDR 2 Hörer kristallisierte sich schnell heraus, dass Bochum die heimliche Hauptstadt der Currywurst zu sein scheint. Ob am Engelbertbrunnen, in der Kortumstraße, der Brückstraße oder in der Bochumer Straße im Stadtteil Wattenscheid (hier hat sich Sternekoch Raimund Ostendorp mit seinem „Profi-Grill" der Liebe zur Currywurst verschrieben) – jeder hat seine eigene Lieblingsbude. Die berühmte Currywurst, die Herbert Grönemeyer in seinem Lied besungen hat, war übrigens das erste, das WDR 2 Moderator Jürgen Mayer vom Ruhrgebiet kennengelernt hat. Und in diesem Fall ging die Liebe wirklich durch den Magen: „Lecker", schwärmt er noch heute.

Klar ist, Currywurst ist schon lange nicht mehr nur „Fast Food für den kleinen Mann", sondern wird auch in Gourmettempeln serviert – in Düsseldorf sogar mit (essbarem) Blattgold-Überzug. Ein echt deutsches Kulturgut – heiß und fettig.

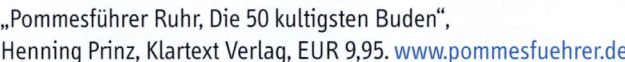
In Wattenscheid zaubert ein Sternekoch

Curry-Kultur in Buchform

„Pommesführer Ruhr, Die 50 kultigsten Buden",
Henning Prinz, Klartext Verlag, EUR 9,95. www.pommesfuehrer.de

„Currywurst – Alles, was man wissen muss", Marc Reisner, Books on Demand, EUR 12,90

Die Currywurst hat seit 2009 sogar ein eigenes Museum. Das allerdings steht zweifelsohne nicht im Ruhrgebiet, sondern in Berlin. www.currywurstmuseum.de

Mit herrischem Blick schaut Hermann gen Westen – den Römern entgegen, und später den Franzosen

Das Hermannsdenkmal in Detmold besteigen

Laufschuhe statt Schwertkämpfe

Im Jahre 9 nach Christus gelang es dem Cheruskerfürsten Arminius, drei römische Legionen unter der Führung des Feldherrn Varus zu schlagen. Er erreichte das, indem er zuerst so tat, als wäre er Varus' Freund – um dann heimlich mehrere germanische Stämme zu vereinigen. Mit ihnen griff er die Legionäre im sumpfigen, engen Gelände an, wo sie sich nicht gut organisieren konnten. Auf diese Weise besiegten die Germanen 20.000 Römer. Varus stürzte sich anschließend ins eigene Schwert, in Rom war man „not amused".

Wo diese Schlacht stattfand, ist bis heute nicht zweifelsfrei geklärt. Im Lauf der Zeit

Der Startschuss zum jährlichen Volkslauf fällt am Hermannsdenkmal

wurde der Ort des Geschehens schon an 700 Stellen vermutet. Die Mehrheit der Forscher geht heute davon aus, dass Arminius – dem man später den modernisierten Namen Hermann gab – in der Gegend zwischen Osnabrück und Bramsche zuschlug.

Der aufkommende Nationalismus des 19. Jahrhunderts erkannte in der Schlacht die Urzelle der deutschen Nation – was sie ganz und gar nicht war.

Ernst von Bandel (1800-1876), ein bayerischer Architekt, träumte sein ganzes Leben lang von einem Arminius-Monument. Er ging davon aus, dass die Schlacht im Teutoburger Wald stattgefunden hatte. Dort sollte seiner Überzeugung nach ein Denkmal für Arminius alias Hermann hin. Von Bandel machte Pläne, er sammelte Geld, eine Bauzeit von insgesamt 37 Jahren begann. In vielen Städten wurden Fördervereine gegründet, um das Vorhaben zu finanzieren. Am Ende stand der Hermann auf seinem Sockel, sein Schwert stieß über 50 Meter hoch in die Luft und am 16. August 1875 konnte Kaiser Wilhelm I zum Einweihen kommen.

„Deutschlands Einigkeit meine Stärke, meine Stärke Deutschlands Macht" steht auf dem Schwert, das Hermann seither tapfer gen Westen, das heißt gen Frankreich reckt. Denn vier Jahre zuvor war der deutsch-französische Krieg blutig zugunsten der Deutschen zu Ende gegangen.

Am Denkmal versammelten sich immer wieder Menschen, die die Einigkeit im Inneren mit Hetze und Krieg nach außen erreichen wollten. Seit 1875 gab es dazu so einige Gelegenheiten.

Wenn sich heute große Mengen zu Füßen des Hermann sammeln, dann aber in der Regel, um friedlich am alljährlichen Volkslauf teilzunehmen. „Politische Strahlkraft vermag Arminius nicht mehr zu entfalten, da helfen weder Ausgrabungen, noch Ausstellungen, noch Publikationen", stellte die

Neue Züricher Zeitung im Jubiläumsjahr 2009 beruhigt fest.

Das ganze Jahr hindurch zieht das Denkmal natürlich viele Touristen an. Der Hermann ist imposant. Wer den Weg zur Galerie hoch steigt, wird nach etwa hundert Stufen in 20 Metern Höhe mit einem schönen Blick über die Wälder belohnt.

Was die Sache mit der Einheit der germanischen Stämme vor zweitausend Jahren betrifft: die hielt nicht lange. Schon kurz nach der Schlacht gegen Varus war man wieder zerstritten. Und Hermann durfte danach nur noch zehn Jahre leben. Dann wurde er ermordet. Von Verwandten übrigens.

Das Hermannsdenkmal

Gebaut: 1838-1875
Unterbau: 26,89 m
Gesamthöhe: 53,46 m
Länge des Schwertes: 7 m
Gewicht des Schwertes: 550 kg

Grotenburg in 32760 Detmold (Hiddesen)
Tel.: 05231 / 301 48 63 (Info-Zentrum am Hermannsdenkmal)
www.hermannsdenkmal.de

Besteigung der Galerie
März-Okt.: 9-18 Uhr, Nov.-Feb.: 9.30-16 Uhr
Eintritt: EUR 1,50, Kinder EUR 1,- (Parken EUR 2,-)

Mehr Infos gibt es bei der Denkmal-Stiftung Landesverband Lippe
Schlossstr. 18 in 32657 Lemgo
Tel. 05261 / 25020, www.landesverband-lippe.de

Der Hermannslauf startet jedes Jahr am letzten Sonntag im April. Die Strecke verläuft vom Denkmal über etwa 30 Kilometer zur Sparrenburg in Bielefeld. Gut 7.000 Läufer machen mit. Infos und Anmeldung unter www.hermannslauf.de.

Bunt, klebrig und süß – bei so viel Auswahl fällt die Entscheidung schwer

Eine gemischte Tüte am Büdchen kaufen

Frösche, Delfine und Schnecken aus Lakritz

Egal ob Kiosk, Trinkhalle oder Büdchen: gemischte Tüten gibt's überall in Nordrhein-Westfalen. Für diesen Punkt auf der 50-Dinge-Liste muss man also nicht weit fahren.

Und die Tütchen gehören heute noch genauso dazu wie früher. Hier kann man nämlich sein Taschengeld eins zu eins in Süßkram umsetzen. Das haben die Kinder in den 1980ern gemacht, und das machen sie auch heute noch. Früher war das allerdings etwas billiger. Eine Brausetablette kostete zwei Pfennig, heute bezahlt man dafür fünf Cent (aber das Taschengeld wurde ja Gott sei Dank entsprechend angehoben). Schon damals hat man den Büdchenbesitzer durch mangelnde Entschlussfreudigkeit schier in den Wahnsinn getrieben, und auch daran hat sich bis heute nichts geändert.

Der Tagesablauf eines Kioskhändlers ist jeden Tag gleich. Frühmorgens kommen die Berufstätigen, die sich mit Zeitungen und Zigaretten eindecken. Dann kommen die Schüler. Die lassen Muttis geschmiertes Brot verschwinden und kaufen sich für die Schulpause lieber ein gemischtes Tütchen: für 30 Cent Lakritzbrezeln, fünf Kirschen, zehn Brausetabletten und drei saure Stangen ...

Ab zehn warten dann die ersten Rentner. Die wollen einen Lottoschein ausfüllen oder einfach nur ein wenig plauschen.

Das gemischte Tütchen ist übrigens nicht nur bei Schülern angesagt. Auch Erwachsene bestellen gerne mal eins. Allerdings kommt dann deutlich mehr Lakritz und nicht so viel knallbuntes Zeug in die Tüte.

Pilgerstätte (nicht nur) für Naschkatzen: das Büdchen. Hier eins am Düsseldorfer Rheinufer

Wo das Taschengeld hingeht

In einer ultimativen gemischten Tüte vom Büdchen dürfen auf keinen Fall fehlen: Weingummikirschen, Brause-Ufos, Lakritzschnecken, Brausetabletten, blaue Delfine, Frösche und Lakritzbrezeln.

Buchtipps:
„Kiosk. Entdeckungen an einem alltäglichen Ort. Vom Lustpavillon zum kleinen Konsumtempel", Elisabeth Naumann, Jonas Verlag, EUR 20,-

Das Rathaus mit dem Stadtwappen im Giebel wurde 1904 eingeweiht

Nachsehen, ob es Bielefeld wirklich gibt

Oder kennen Sie einen, der da wohnt?

An der Bahnstrecke Hannover – Münster befinden sich etwa auf halbem Wege einige Bahnsteigschilder mit dem Schriftzug „Bielefeld". An dieser Stelle befindet sich allerdings keine Stadt gleichen Namens, sondern nichts!

Das ist der Kern der sogenannten „Bielefeld-Verschwörung". Der Begriff tauchte 1994 im Netz auf, eingestellt von dem In-formatik-Studenten Achim Held. Die Geschichte besagt ungefähr, dass eine geheimnisvolle Gruppierung („Sie") die Stadt samt aller Einwohner nur erfunden habe. Zweifler werden gerne gefragt: „Ja, warst du denn schon mal in Bielefeld? – Na siehste!"

Je weiter weg von Bielefeld jemand wohnt, desto wahrscheinlicher ist es, dass er die Stadt noch nie besucht hat – und auch niemanden Vertrauenswürdigen kennt, der schon mal da war. Eine Reise nach Bielefeld gehört darum absolut zu den 50 Dingen, die ein NRW-Bürger in seinem Leben getan haben sollte. Je größer Ihr Bekanntenkreis ist, desto größer ist auch der Effekt der Tour.

Schließlich können Sie hinterher – vielleicht mit Beweisfotos? – der Welt nachweisen: Die Stadt ist echt!

Übrigens: Es gibt – tatsächlich – ein WDR-Studio in Bielefeld!

Die Sparrenburg ist ein Anziehungspunkt für Besucher der Stadt

Das ist BI!

Seit der Stadtgründung vor knapp 800 Jahren ist Bielefeld auf inzwischen mehr als 320.000 Einwohner angewachsen.

Suchen Sie die Stadt etwa bei 52°01'21'' nördlicher Breite und 8°31'58'' östlicher Länge. Wenn Sie mit dem Auto anreisen, kommen Sie über die A2. Mit der Bahn ist Bielefeld ebenfalls aus allen Richtungen gut zu erreichen.

Das Wahrzeichen Bielefelds ist zweifelsfrei die Sparrenburg. Die eindrucksvolle Festungsanlage wurde im 13. Jahrhundert erbaut und später diverse Male umgebaut. Das, was man heute noch von der Festung auf dem Sparrenberg sieht, stammt aus dem 16. Jahrhundert.

Der Alte Markt ist mit seinen historischen Giebelhäusern das Prachtstück der Bielefelder Altstadt. Auch nachts hat er einiges zu bieten, denn er ist Kulisse für viele kulturelle Ereignisse und Feste. Noch mehr Sehenswertes gibt es auf www.bielefeld.de

Beweise, die gegen die Existenz der Stadt sprechen, findet man im Internet u.a. hier: www.bielefeldverschwoerung.de

WDR 2 Moderator Uwe Schulz im Außeneinsatz. Fast alles beim Sender geht live in den Äther

Einmal täglich WDR 2 hören – egal wo

Das beste Mittel gegen Funkstille

Was? Nur Platz 11? Ein Hörer schrieb aus Braunschweig: „Ein Mensch aus NRW sollte sich einmal länger außerhalb des Sendegebiets von WDR 2 aufhalten. Erst dann fällt einem auf, dass die Sprache der Moderatoren daran erinnert, wo eigentlich zu Hause ist." Wie schön, dass WDR 2 per Internet weltweit zu empfangen ist (siehe Kasten). WDR 2 bringt Sie perfekt durch den Tag und ist für viele Menschen im Land beinahe so etwas wie ein guter Freund. Klar, denn hier läuft immer Ihre Musik. Und WDR 2 hat die Informationen, die für die Menschen in Nordrhein-Westfalen wirklich wichtig sind. Wer WDR 2 hört, verpasst nichts.

Regelmäßig laden die Moderatoren an unterschiedlichen Orten in NRW zur WDR 2 Hausparty ein. Dann heißt es: feiern wie zu Hause in der mobilen WDR 2 Wohnung.

Auch die WDR 2 Comedians sind mit den „Von der Leyens", „Sarko de Funès" und Co. regelmäßig auf „Lachen Live"-Tour im ganzen Land unterwegs.

Mit der Aktion „WDR 2 für eine Stadt" versetzt der Sender jedes Jahr gleich ganze Städte in Aufregung. Alle knapp 400 Kommunen im Land treten im spannenden Wettkampf gegeneinander an. Der Preis: Einen Tag lang stellt WDR 2 die Gewinnerstadt auf den Kopf – mit Live-Sendungen im Radio und Internetfernsehen, mit Liga Live, vielen Aktionen, WDR 2 Stars und einem großen Open-Air-Konzert. Zehntausende haben bisher mit WDR 2 in Hückeswagen, Attendorn, Nettetal und Warburg einen grandiosen Radiotag erlebt.

WDR 2 gucken

Der Besucherservice des WDR veranstaltet Führungen im Kölner Funkhaus, die auch in den WDR 2 Studios haltmachen.

Anmeldung unter Tel.: 0221 / 2206744

Die nächsten Termine für die WDR 2 Hausparty und für WDR 2 Lachen Live gibt's an der Hotline: 0221 / 56789222 oder auf www.wdr2.de

Hier finden Sie auch Fotos und Infos zu allen Moderatoren, das Webradio, die exklusiven Live-Reportagen zu spannenden Fußballspielen in voller Länge, die Musiktitelsuche und viele WDR 2 Beiträge und Comedies zum Nachhören.

WDR 2 Moderatorin Steffi Neu begrüßt die Gäste bei der WDR 2 Hausparty

Am Hochofen glühen nicht nur die Gesichter der aufgeregten Besucher

Einen Abstich am Hochofen miterleben

Hüttenzauber – ein brandheißes Erlebnis

Uwe Schulz war als WDR 2 Reporter in Duisburg, bei ThyssenKrupp. Der Roheisenabstich brachte ihn zum Schwitzen und ins Staunen. Fast 200 Jahre Hüttengeschichte von Thyssen, Krupp und Hoesch ließen ihn ganz demütig werden. Vielleicht waren es aber auch eher die riesenhaften Maschinen und die gewaltigen Rohstoffmengen, die dort verarbeitet werden, die ihn so beeindruckten. 5.800 Tonnen Rohei-

sen spuckt der Hochofen täglich aus, den Uwe Schulz besuchte. Und sogar einer der Arbeiter schwärmte ihm ins Mikrofon: „Jeder Abstich, den wir hier machen, ist immer wieder aufregend."

Mehr als aufregend ist es, wenn man es zum ersten Mal sieht: „Dir glüht das Gesicht und du wunderst dich, warum die Männer daneben in den silbernen Mänteln so entspannt sind – sie haben einfach Routine damit. Für mich war es ein Riesen-Erlebnis", erzählte Uwe Schulz live auf WDR 2.

Die silbernen Mäntel sind Hitzeschutzmäntel. Die brauchen die Arbeiter, denn Glut und brennende Gase können bis zu 1.500 Grad heiß werden.

Für manche mag so ein Abstich zu heiß und zu aufregend sein. Aber es gibt auch noch ruhigere Möglichkeiten, zumindest einen Eindruck vom Geschehen an so einem Hochofen zu bekommen: Beispielsweise die Henrichshütte in Hattingen. Sie wurde 1987 geschlossen ("ausgeblasen"), doch der Hochofen blieb als Museumsstück erhalten.

Uwe Schulz (r.) lässt sich das Werk erklären

Früher waren in der Henrichshütte 10.000 Menschen beschäftigt, heute werden Besucher durchgeführt, die sich auch die Schaugießerei ansehen können.

Im Kontrollraum geht es sauber zu – und wesentlich kühler als beim Abstich

Heiße Tipps

Ein Anmeldeformular für Besichtigungen der **Hochöfen von ThyssenKrupp**
an verschiedenen Standorten (Gruppen ab 15 Personen) gibt es unter
www.thyssenkrupp-steel-europe.com, Menüpunkt „Kontakt", „BesucherCentrum".
Dort finden Sie auch ein Merkblatt mit mehr Informationen. Besucher müssen
mindestens 16 Jahre alt sein. Das „BesucherCentrum" erreichen Sie unter
Tel.: 0203 / 5225520. Kleinere Gruppen oder Einzelpersonen wenden sich an
Duisburg Marketing, Tel.: 0203 / 285440, E-Mail: service@duisburg-marketing.de

Alternativen
In Dortmund gibt es das **Hoesch-Museum** mit vielen Exponaten und einem
3-D-Stahlwerk aus dem Computer.
Eberhardstr. 12 in 44145 Dortmund
Tel.: 0231 / 8445856, www.hoeschmuseum.dortmund.de
Geöffnet: Di/Mi 13-17 Uhr, Do 9-17 Uhr, So 10-17 Uhr, Feiertage geschlossen
Eintritt: EUR 1,50, erm. EUR 0,75

Die **Henrichshütte Hattingen**, ein Standort des Westfälischen
Landesmuseums für Industriekultur, beherbergt u. a. eine Schaugießerei.
Werksstr. 31-33 in 45527 Hattingen, Tel.: 02324 / 9247140,
www.lwl-industriemuseum.de (Menüpunkt „Acht Orte")
Geöffnet: Di-So 10-18 Uhr, Fr 10-21.30 Uhr (letzter Einlass eine Stunde vor Schluss)
Eintritt: EUR 4,-, Kinder EUR 1,50

Die Spuren der Stahlindustrie kann man als industriearchäologische Sehenswürdigkeit
besichtigen: Die **St. Antony-Hütte** war die allererste Eisenhütte im Ruhrgebiet.

Silberne Mäntel schützen vor der Hitze

Antoniestr. 32-34 in 46119 Oberhausen,
Geöffnet: Di-Fr 10-17 Uhr, Sa/So 11-18 Uhr
Tel.: 0208 / 8579281, www.industriemuseum.lvr.de
(Menüpunkt „Schauplätze", „Oberhausen")

Eine bemerkenswerte Mischung aus
Industriekultur und Natur bietet der
Landschaftspark Duisburg-Nord mit
seinen stillgelegten Hochöfen.

Emscherstr. 71 in 47137 Duisburg
Tel.: 0203 / 4291919, www.landschaftspark.de
Der Park ist rund um die Uhr begehbar.
Eintritt frei.

WDR 2 Moderator Jürgen Mayer mit Annette Wozny von der Gemeindeverwaltung Kranenburg

Mit der Draisine in die Niederlande fahren

Ab Kranenburg mit purer Muskelkraft

WDR 2 Moderator Jürgen Mayer ist ein sportlicher Mann – keine Frage. Aber beim Fahren auf der Draisine ist er doch ganz schön aus der Puste geraten.

Schuld an dem kurzatmigen Moderator ist ein Mann namens Karl Drais. Der ist zwar schon 160 Jahre lang tot, aber er hat die Draisine erfunden, mit der Jürgen Mayer durch das Grenzgebiet Niederrhein – Niederlande geradelt ist. Oder gefahren ist? Ja, was eigentlich? Die Draisine FÄHRT auf Schienen, auch wenn Jürgen Mayer wie bei einem Fahrrad ein Fußpedal tritt. Es gibt sie mit vier Rädern oder mit drei, manche werden auch mit einem Handpedal bedient.

Der Erfinder Drais fand es lästig, dass die Bahnarbeiter mit ihren Werkzeugen immer so weite Strecken zurücklegen mussten und setzte seine ursprüngliche Erfindung – einen Vorläufer des Fahrrads – einfach auf die Schiene.

Und so, wie die Draisine erfunden wurde, funktioniert sie auch heute noch: hundert Prozent aus eigener Muskelkraft. Für Menschen, die ihre Arbeit sonst im Sitzen verrichten, ist das eben anstrengend, vor allen

Ansonsten genoss der Moderator den Arbeitstag im Freien sichtlich. Der Niederrhein zeigte sich von seiner schönsten Seite. Der Frühnebel, der beim Start in Kranenburg noch über der Strecke hing, verzog sich schnell, und die Sonne kam heraus. Also: Mütze weg, Handschuhe weg und in den Herbsttag hineinfahren. Das Spannendste war die Grenzerfahrung: Jürgen Mayer „machte rüber", wie er sagte, nach Holland. Vorbei an einem der wenigen Weinberge der Niederlande durch weite Landschaft bis nach

Mystischer Niederrhein. Der Frühnebel beim Start in Kranenburg verzog sich schnell

Dingen auch deshalb, weil die Fahrt immer wieder unterbrochen werden muss, wie Jürgen Mayer feststellte. Der Moderator befreite die Gleise von herumliegenden Stöcken, öffnete und schloss Schranken per Hand. Die schwere Stahlkonstruktion immer wieder ins Rollen zu bringen, dazu muss man verflixt kräftig in die Pedale treten.

Groesbeek. Dort ist zwar der Endpunkt der Strecke, doch Jürgen Mayer musste auch wieder zurück. Nach kurzem Beinevertreten ging's also wieder rauf auf die Draisine, die zehn Kilometer nach Kranenburg warteten.

Wem das als Einzelperson zu anstrengend oder zu einsam ist, der sollte sich mit anderen zusammentun. Es gibt Fahrraddraisinen für die typische Durchschnittsfamilie: zwei strampeln und die anderen beiden lehnen sich zurück und treiben die Fahrer oder ihre Eltern an.

Für den Ausflug mit Freunden gibt es die Clubdraisine. Neben neun bis 14 Personen ist auch noch Platz für ein Fässchen und ein paar belegte Brote. Vier fahren aktiv, die anderen feiern und genießen.

Sportlich Aktive schaffen die kompletten 20 Kilometer. Wem das Abenteuer Grenzübergang reicht, der kann schon nach elf Kilometern den Zieleinlauf feiern.

Achtung: Draisine kreuzt!

Bitte aufsteigen

Bahnhöfe
▶ Bahnhofstr. 15 in 47559 Kranenburg
▶ Parkplatz Wiesenstr. 35 in 47533 Kleve
▶ Spoorlaan in NL-6561 Groesbeek

Tel.: 02826 / 9179900, www.grenzland-draisine.eu
Kosten: EUR 12,-, Kinder EUR 6,-
Es werden auch Thementouren angeboten: Man besichtigt zum Beispiel Kirchen am Wegesrand oder feiert Halloween auf der Draisine.
Auch anderswo in NRW gibt es Draisinetouren, zum Beispiel im Weserbergland:
www.draisinen.de

Deutschland hat insgesamt 30 Draisinestrecken für Touristen mit insgesamt 400 Schienenkilometern.

Regelmäßig werden die „Deutschen Meisterschaften im Schienenfahrrad-Draisinenfahren" mit folgenden Disziplinen ausgetragen:
▶ Handhebeldraisine (sechs Personen je Team, Streckenlänge 20 km)
▶ Fahrraddraisine (drei Personen je Team, 20 km)
▶ Sprintrennen (drei Personen je Team, 720 m)
www.deutsche-draisinenmeisterschaft.de

14

Der fröhlichste Stau aller Zeiten. Still-Leben Ruhrschnellweg fand im Rahmen der RUHR.2010 statt

Auf der gesperrten A40 spazieren gehen

60 Kilometer Stau – und ganz ohne Autos

So schön entspannt kann Stau sein: beim Spazieren gehen. Zwischendurch immer mal wieder kurz anhalten, bei einem der Tische verweilen, dann gemütlich weitertrotten. Ein wirkliches Stillleben, wie angekündigt, war das „Still-Leben Ruhrschnellweg" am 18. Juli 2010 allerdings nicht. Über drei Millionen Besucher nutzten den Tag, um endlich mal über ihre A40 zu schlendern, und sie feierten auch lautstark. Bands, Varieté, Tanzvereine – eine 60 Kilometer lange Party. Es sollte der Höhepunkt im Kulturhauptstadtjahr RUHR.2010 werden, doch ob alles so klappen würde, wie erhofft, war den Organisatoren bis zum Schluss nicht klar. Sie hatten die Einladung bewusst offen gehalten: alle konnten kommen, keiner musste sich anmelden. Jeder konnte das machen, wozu er Lust hatte: radeln oder einfach nur mit Freunden zusammensitzen, Gedichte auf plattdeutsch rezitieren oder Flamenco tanzen. Man hoffte vage auf eine Million Menschen. Gekommen sind drei Mal so viel. Das hat der Ruhrschnellweg auch beim dicksten Stau noch nicht gesehen.

Die Fahrtrichtung Duisburg nannte sich für diesen Tag „Tischspur": Direkt nach der Freigabe um 11 Uhr rumpelten und pumpelten die Bollerwagen mit Essbarem heran. Ein Biertisch stand neben dem nächsten, insgesamt waren es 20.000. Und die mussten erst einmal dekoriert und mit Picknick-Utensilien ausgestattet werden. Die Damen vom Kirchenchor hatten Selbstgebackenes mitgebracht, bei der Band am Nachbartisch gab es Schokoladenfondue. Die Taubenzüchter teilten ihre Würstchen mit jedem, der vorbeikam. An einem Tisch wurde einfach nur Skat gekloppt, am nächsten gab's eine Geburtstagsparty.

Zwischen Essen und Mülheim hatten Schalke- und Dortmund-Fans einen gemeinsamen Tisch aufgebaut. Die Fahnen der Borussia und von Schalke 04 wehten friedlich nebeneinander im lauen Windchen. Darunter ein Plakat mit der Aufschrift „Freundschaft ohne Grenzen". Und da sag noch mal einer, die Städte im Ruhrgebiet könnten nicht zusammenwachsen ...

Auch WDR 2 war mit einem Ü-Wagen und den Moderatoren Jürgen Mayer und Cathrin Brackmann beim Still-Leben vertreten. Die WDR 2 Tische standen in Höhe der Ausfahrt Dortmund-Dorstfeld und waren vom Sender an Hörer verlost worden, die eine ganz besondere Idee für ihren Tisch hatten. So trat die Linner Ritterrunde aus Krefeld auf dem Mittelstreifen zum Schwertkampf an, während Moderatorin Cathrin Brackmann und WDR 2 Koch Helmut Gote auf der muskelbetriebenen Autorennbahn gegen die Hörer anstrampelten.

Statistisch gesehen verbringt ein Autofahrer aus der Umgebung mehrere Tage seines Lebens auf der A40. Pendler kennen sie wie ihre Westentasche, aber so haben sie die Hauptschlagader des Ruhrgebiets eben noch nie erlebt. Einige haben angeblich sogar eine Erinnerung an der Leitplanke angebracht – als kleine Aufheiterung für den nächsten Stau.

Zwischenzeitlich war es so voll, dass die Feuerwehr Zufahrten sperren musste und

Mittelalter auf der A40: einer der Linner Ritter

47

gar nichts mehr ging. Stau auf der A40, eigentlich alles wie immer, nur mit besserer Laune. Später testeten die Pendler dann aus: Wie kommt man am schnellsten von Mülheim-Heimaterde nach Essen-Frohnhausen? Mit dem Fahrrad, mit den Inlinern oder mit dem Roller? Das Fazit: Jeder war schneller als ein Auto zum normalen Berufsverkehr, außer vielleicht das Bobbycar. Das war nämlich erst kurz vor 17 Uhr, also beim Schlusspfiff für das Still-Leben, am Ziel.

Klar haben auch die Städte offizielle Bühnen beigesteuert und große Firmen haben 30 Tische gemietet, aber das Besondere an diesem Tag lag in den kleinen Geschichten: Das ganze Ruhrgebiet war auf der A40 unterwegs – 60 Kilometer Spaß, Alltagskultur und das „beste Picknick, wo gibt".

In Bildern schwelgen

www.ruhr2010.still-leben-ruhrschnellweg.de

Die Aktion „Still-Leben Ruhrschnellweg" war so ein großer Erfolg, dass es einigen Machern in den Fingern juckt, sie zu wiederholen. Wer den Tag also verpasst hat, darf hoffen.

Für die, die nicht so lange warten wollen: es muss ja nicht unbedingt die A40 sein. Auch sonst findet man immer wieder Autobahnen und Schnellstraßen, die für Spaziergänger, Inliner oder Fahrradfahrer gesperrt werden, zum Beispiel bei Straßenfesten.

Für Autos gesperrte Straßen gab es natürlich schon früher. Stichwort „Autofreier Sonntag" während der Ölkrise in den 1970ern. Aber das ist ein anderes Thema.

Das erzählt man noch den Enkeln: Erinnerungsfoto von der 60 Kilometer langen Party

„Der längste Parkplatz der Welt". Die A40 ist eigentlich immer verstopft

15

Einmal auf der A40 im Stau stehen

Unterwegs im Wohnzimmer vom Ruhrpott

Im Stau stehen muss so etwas wie ein Hobby für die Nordrhein-Westfalen sein. Auf der Liste, was ein Nordrhein-Westfale in seinem Leben getan haben muss, wurde das Im-Stau-Stehen zumindest ganz schön häufig von den WDR 2 Hörern genannt – egal ob auf der A1, auf der A3 oder auf der A57. Und das Schöne an diesem Hobby: man kann es oft tun und fast überall – ohne Voranmeldung, ohne Planung. Einfach losfahren, irgendeinen Stau findet man garantiert.

Die Königin unter den Staurouten ist ungeschlagen die A40 und das nicht nur in Nordrhein-Westfalen. Sie gilt als Deutschlands verstopfteste Autobahn. Der sogenannte Ruhrschnellweg ist berüchtigt, und die Pendler haben ein sehr gespaltenes Verhältnis zu ihm. Einerseits ist er verhasst, anderseits verbringen sie so viel Zeit auf ihm, dass er zu einem Stück Heimat geworden ist.

Aus der Not eine Tugend machen, darin sind die Menschen im Ruhrgebiet Meister und

Der WDR 2 Stauflieger in Aktion. So sind die Hörer immer auf dem neuesten Stand

geben dem Kind erst einmal andere Namen. „Boulevard" wird die A40 genannt, oder „pulsierende Hauptschlagader, die Städte und Menschen verbindet".

Andere sehen in ihr einfach ein Monstrum, das von West nach Ost mitten durch den Pott läuft. Wäre das Ruhrgebiet eine einzige Stadt, die A40 wäre sozusagen ihr Zentrum. Sie verbindet zwar Städte, läuft aber mitten durch Stadtteile und trennt sie. Und sie ist immer so voll, dass sie längst „Ruhrschleichweg" genannt wird.

Im morgendlichen Berufsverkehr ist es fast wie ein Ritual. Man fährt auf, stellt sich in den Stau und sieht lustigerweise immer die gleichen Leute. Fast wie ein Treffen alter Bekannter. Die meisten Pendler nehmen es gelassen und sprechen von der A40 als dem „längsten Parkplatz der Welt", den sie besser kennen als das eigene Wohnzimmer.

Noch mehr Schleichrouten

Andere Stauadressen, die von WDR 2 Hörern empfohlen wurden:
A3 am Dreieck Heumar
A46 am Sonnborner Kreuz
A 52 zwischen Essen-Bergerhausen und dem Autobahndreieck Essen-Ost
A57 von Moers nach Neuss
Aktuelle Stauinfos gibt es jede halbe Stunde bei WDR 2.
Auch unter www.wdr2.de und unter der WDR 2 Verkehrshotline 0221 / 16 80 30 50.

Der WDR 2 Stauflieger hat die Lage auf NRWs Straßen im Blick. Aus der Luft sieht er, wo die Autos stehen, wo sich ein Stau bereits auflöst und vor allem wie lang ein Stau ist. Wer aktiv bei den Stauinfos mitwirken will, kann WDR 2 Staufinder werden. Nach der Anmeldung erhält man eine persönliche Kennung und kann WDR 2 die Stauinfos telefonisch durchgeben.
Anmeldung unter Tel.: 0221 / 56789222

Bunter Kirmesspaß inmitten der beeindruckenden Kulisse der Altstadt von Soest

16

Die Allerheiligenkirmes in Soest besuchen

Mit der Achterbahn durch die Altstadt

Ein großes Gedränge herrscht jedes Jahr Anfang November in Soest: Fast eine Million Menschen, sagen die Veranstalter, besuchen die Allerheiligenkirmes, Europas größte Altstadtkirmes.

Tatsächlich wurde es zwischenzeitlich in Soest so eng, dass Sicherheitsbedenken aufkamen. Vor einigen Jahren hat die Stadt die Zahl der Verkaufsbuden an manchen Stellen reduziert. Dort war das Gewimmel so groß gewesen, „dass man nicht mal mehr umfallen konnte", wie eine Mitarbeiterin der Stadt es beschrieb. Jetzt gibt es Lücken zwischen den Buden, die außerdem nicht mehr auf beiden Seiten der Straße stehen. Die Straßenseite wird dabei jährlich gewechselt, damit auch die Geschäfte dahinter wenigstens alle zwei Jahre sichtbar sind.

Die Kirmes in Soest ist offenbar auch bei den Schaustellern höchst beliebt. Jährlich bewerben sich bis zu 1.800 Schausteller mit ihren Karussells und Verkaufsbuden.

„Westfälisches Abendmahl" mit Pumpernickel

450 davon dürfen dann wirklich anreisen und sich in der Innenstadt postieren.

„Viele ehemalige Soester kommen jedes Jahr extra für dieses Ereignis her", sagten einige Hörer. Das Besondere an der Allerheiligenkirmes ist, dass sie mitten in der Stadt gefeiert wird. In einer der Mails stand: „Die Achterbahn ist so nah an den Häusern, dass

man glaubt, man fährt bei den Leuten durchs Wohnzimmer."

Wir wollen lieber nicht danach fragen, wie die Leute in den Wohnzimmern das finden. Was die Leute in der Achterbahn denken, wissen wir. WDR 2 Reporterin Cathrin Brackmann hat es nämlich ins Mikrofon gesprochen: „Warum hab ich eigentlich nix Vernünftiges gelernt? Das ist nix für Leute mit ‚Rücken', das sag ich mal von vornherein!"

Danach nahm sie ein Bullenauge zu sich. Das ist nicht, was Sie jetzt denken, sondern ein Mokkalikör mit Sahne. Eine freundliche Hörerin reichte ihr außerdem ein Brettchen mit Pumpernickel und Schinken, ein sogenanntes „westfälisches Abendmahl". So gestärkt, ging es dann aufs Riesenrad – und wenn Sie demnächst auf die Soester Allerheiligenkirmes kommen, dann schauen Sie mal nach: Wahrscheinlich sitzt Cathrin Brackmann immer noch da oben und genießt die tolle Aussicht über die ganze Stadt.

Von Mittwoch bis Sonntag

Die Altstadtkirmes in Soest findet immer Anfang November statt. Beginn ist der erste Mittwoch nach Allerheiligen. Mittags geht es los und man feiert bis zum späten Sonntagabend. Die genauen Öffnungszeiten und mehr Infos gibt es unter: Tel.: 02921 / 66350050 (Touristinfo), www.allerheiligenkirmes.de

In der Innenstadt gibt es nicht genügend Parkplätze für alle Besucher. Die Veranstalter haben Park&Ride-Plätze in den Gewerbegebieten West und Süd-Ost eingerichtet. Von dort aus verkehren Sonderbusse. Die Fahrpläne stehen rechtzeitig auf der Homepage der Allerheiligenkirmes zum Download bereit. Mit der Bahn ist Soest gut zu erreichen, es gibt sogar jedes Jahr eine große Anzahl an Sonderzügen zur Allerheiligenkirmes.

Hier macht man gerne Stopp auf der Pättkestour: die idyllische Pleistermühle bei Münster

17

Eine Pättkestour im Münsterland machen

Es geht vorbei an 100 Schlössern

Allen Vorurteilen zum Trotz: die Münsterländer sind sehr fröhliche Menschen und feiern gerne. Nur verstehen kann man sie leider nicht: Schon mal inner Bosse auf 'ner Leeze tacko 'ne Pättkestour gemacht? Echt jovel!

Masematte nennt sich die Geheimsprache aus Münster und wie sich Masematte an-hört, so ist es auch – fremd. Übersetzt heißt der Text etwa: „Haben Sie schon einmal mit der entsprechenden Hose bekleidet auf dem Fahrrad eine schnelle Radtour durch unser wunderschönes Münsterland ge-macht? Das ist unbedingt empfehlenswert."

Die Leeze, also das Fahrrad, ist der Müns-terländer liebstes Kind. Fahrradwege heißen

Ist der gewillte Radfahrer also bereit, eine Pättkestour im Münsterland zu machen, braucht er nicht viel: Eine Leeze, ein paar Wörter Masematte in der Satteltasche und los geht's. Ob nur mal kurz für eine Stunde mit der Familie oder mit Freunden für eine ganze Woche, ob perfekt durchorganisiert oder an jeder Gabelung spontan entscheidend. Alles ist drin!

Die Königsdisziplin unter den Pättkestouren im Münsterland ist die 100-Schlösser-Route mit satten 960 Kilometern. Sie zieht sich von der Wasserburg Anholt ganz im Westen bis zum Schloss Hovestadt im Südosten (Lippe). Im Norden ist das Kloster Bentlage ein Highlight, im Süden radelt man bis zum westfälischen Versailles, dem Schloss Nordkirchen. Ja, es sind tatsächlich einhundert Schlösser, Burgen, Klöster und alte Herrensitze. Unglaublich! Manche öffnen ihre Tore für Besucher, andere sind in Privatbesitz und nicht zu besichtigen.

Wer Spaß daran hat, in vergangene Zeiten einzutauchen und ein wenig Ritter zu spielen, ist hier richtig. Das Praktische: Der Radler muss seine Koffer nicht zwingend selbst auf dem Gepäckträger schleppen, sondern kann sie sich zum nächsten Hotel bringen lassen. Und ob das Hotel nun eine der über 200 „bed&bike"-Pensionen oder sogar ein Schloss ist, das hängt vom eigenen Geschmack und Geldbeutel ab.

Die 960 Kilometer sind aber nicht nur etwas für Tour de France-Absolventen, sondern sie sind häppchenweise in Nord-, Süd-, West- und Ostkurs unterteilt. Wer im flachen Münsterland nach sportlichen Bergetappen

Fast 4.500 Kilometer ebener Radweg

aber nicht, wie man vielleicht denken mag, „Leezepfad" oder so ähnlich, sondern Pättkes. Ganze 4.500 Kilometer Pättkes gibt es im Münsterland und fast jeder dieser Kilometer hat einen ungeheuren Vorteil gegenüber Radwegen in anderen Regionen: es geht fast nirgendwo bergauf!

sucht, findet sie am ehesten Richtung Tecklenburger Land, also gen Norden. Der Süden hält einige architektonische Schätzchen für Liebhaber parat, im Osten kommen Pferdefreunde auf ihre Kosten und im Westen ist es auch einfach so schön.

Alle Pättkestouren haben eines gemein: Am Ende tut irgendwas weh, und das finden die Münsteraner richtig schovel (doof). Dann gehen sie in eine Takoachilkabache, verkasemaktueln 'nen Flattermann und Bölkenpani und legen ihre lädierten Mauken hoch.

![Eins von 100 Schlössern auf der insgesamt 960 Kilometer langen Route: das Schloss Münster]

Eins von 100 Schlössern auf der insgesamt 960 Kilometer langen Route: das Schloss Münster

Auf die Leeze, fertig, los!

Organisierte Reisen, Hotelbuchungen, Tourentipps oder Radfahrkarten gibt es unter Tel.: 0800 / 9392919 (kostenlose Hotline) oder
www.muensterland-tourismus.de
Hier werden auch organisierte Radtouren zu Themen wie Natur, Geschichte oder Kultur angeboten.

Die Bezeichnung „Masematte" leitet sich aus dem Jiddischen masso umattan oder masa 'umatán ab, das „Geschäft", „Handel" bedeutet. Ein Masematten-Lexikon finden Sie unter www.hoooliday.com

In mehreren Ländern gleichzeitig sein? Am Dreiländereck geht das

In NRW, Belgien und Holland stehen

Mit einem Fuß im Nachbarland

Drielandenpunt sagen die Niederländer, Dreiländereck die Deutschen: Der Ort, an dem die deutsche, die niederländische und die belgische Grenze auf dem Vaalserberg zusammenstoßen, ist ein touristischer Anziehungspunkt.

Über kurvige Sträßchen geht es bergauf – über 320 Meter ist der Vaalserberg hoch, das ist die höchste Erhebung auf dem niederländischen Festland. Für dortige Verhältnisse ist man also fast schon Hochalpinist, wenn man durch die schönen Wälder hinaufwandert.

Dass man angekommen ist, merkt man zuerst an den Bus- und PKW-Parkplätzen und bei schönem Wetter an den vielen Touristen. Für die wird einiges geboten. Neben Imbissen, Aussichtstürmen, einem Freizeitpark,

Souvenirshops, Kinderspielplätzen und mehreren Wanderwegen gibt es auch das „Dreiländereck-Labyrinth", das dazu einlädt, sich zwischen Hecken zu verirren. Im Irrgarten lauern kleine Springbrunnen, die plötzlich losgehen, wenn man sich nähert.

Am Eingang zum Labyrinth gibt es Broschüren mit Wandervorschlägen durch die umliegenden Wälder und in die Natur rund um Schloss Vaalsbroek, das etwa zwei Kilometer weiter westlich liegt.

Der Aussichtsturm auf der niederländischen Seite heißt Wilhelminaturm. Einige Schritte weiter südlich lädt, auf der belgischen Seite, der Balduin-Turm mit 34 Metern Höhe zu einem Ausblick in die drei Länder ein. Beide Türme tragen die Namen von Monarchen des letzten Jahrhunderts.

So kommt man hin

Vom Bushof Aachen fahren unter anderem die Buslinien 25 und 33 nach Vaals. Mit dem Auto fährt man von Aachen aus zunächst über die B1 nach Vaals (NL), dort von der Hauptstraße nach links abbiegen und den Schildern „Drielandenpunt" folgen. Über die Straße „Viergrenzenweg" geht es den Berg hinauf bis zu den Parkplätzen. Vier Grenzen gab es hier von 1815 bis 1919, als die Dörfer Neu-Moresnet und Kelmis neutrales Territorium waren. Von der deutschen Seite führt ein Spazierweg („Dreiländerweg") vom Aachener Ortsteil Vaalserquartier aus um den Wald herum zum Dreiländereck.

Gute Aussichten auf das Dreiländereck bietet auch der Aachener Lousberg

Der berühmteste Berg am Rhein verspricht seit jeher Abenteuer und Romantik

Den Drachenfels in Königswinter besteigen

Siegfrieds sagenhafter Berg ruft

Königswinter liegt südlich von Bonn, auf der rechten Rheinseite. Und über Königswinter erhebt sich ein steiler Berg: der Drachenfels. Am Fuß des Berges stehen überall Schilder, die es verbieten, mit dem Auto bis zum Gipfel hochzufahren – wie kommt man also nach oben? Ganz früher ging man zu Fuß hoch und nahm einen Esel mit. Dieser Esel war dann auf dem Rückweg dafür zuständig, einige Felsbrocken aus den Steinbrüchen mit hinunterzubringen.

Im 19. Jahrhundert bekam die Eselflotte am Drachenfels eine neue Aufgabe: Touristen hochschleppen. Europa hatte das Reisen

![Seit 1883 mehrfach erneuert: Die Wagen der elektrischen Zahnradbahn helfen beim Aufstieg]

Seit 1883 mehrfach erneuert: Die Wagen der elektrischen Zahnradbahn helfen beim Aufstieg

entdeckt, Dampfschiffe und die überall aufkommende Eisenbahn machten komfortable Kulturfahrten möglich und eines der Ziele war der Rhein mit seinen Burgen und romantischen Orten.

Der Drachenfels war höchst beliebt. Man hatte von oben einen wunderbaren Blick auf das Rheintal, auf dem Gipfel stand eine malerische Ruine, Gastronomie war auch vorhanden – und dann noch die Geschichte mit dem Drachen! Siegfried, so will es die Nibelungensage, hatte hier den Drachen Fafner getötet. Romantik plus Abenteuer, der Drachenfels bot beides.

Heute stehen für die Bezwingung des Drachenfels' mehrere Möglichkeiten zur Auswahl: Von Königswinter aus fährt eine Zahnradbahn hinauf (seit 1883), an der Talstation warten aber auch Pferdekutschen. Esel zum Hochreiten finden sich auch noch, allerdings dürfen sich heutzutage nur noch Kinder draufsetzen.

Sportlicher ist die Besteigung des Drachenfels' natürlich zu Fuß. Je nach Fitness sollte das in unter einer Stunde zu schaffen sein. Man startet am Parkplatz bei der Zahnradbahn und folgt der Drachenfelsstraße nach oben.

Es gibt aber auch alternative Routen, zum Beispiel von Rhöndorf aus, einige Kilometer weiter südlich. Diese Strecke ist weniger

Jetzt bloß nicht schlappmachen

überlaufen. Allerdings kraxelt man von dort eine Stunde lang steil bergauf. Die teilweise doch recht kuriosen Auswüchse einer zweihundertjährigen Tourismusindustrie an diesem Berg sind hoch interessant. Auf der Hauptroute (Nordseite) gibt es seltsame Automaten zu bewundern, aus denen man unmögliche Souvenirs holen kann. Wandernde Amerikaner und bergsteigende Niederländer sind sowieso oft einen Schmunzler wert. Und dann steht da, schon ziemlich weit oben auf der Nordroute, die zunächst etwas befremdlich wirkende „Nibelungenhalle". Das ist ein Kuppelbau, der 1913 zu Ehren von Richard Wagner erbaut wurde. Im Inneren gibt es Bilder mit Szenen aus dem Ring der Nibelungen (Siegfried, Drache), von außen sieht das Gebäude eher jugendstilhaft aus, garniert mit allerlei Völkischem, und Nordischem ... Die Nazis hatten ihre Freude daran. Weniger problematisch ist der angeschlossene Reptilienzoo:

kleine Drachen, und weit und breit kein Siegfried, der ihnen etwas tun will.

Mehrere Biergärten mit tollen Aussichtsterrassen laden zu einer Rast ein, bevor die Schlussetappe ruft: am Schloss Drachenburg vorbei, das älter aussieht, als es ist. Erst 1882 hat ein Bonner Bankier das Schloss erbaut. In der Vorburg ist ein Naturschutzmuseum untergebracht und auch der Burgpark macht Eindruck. Auf dem Gipfel begrüßt die Ruine des mächtigen Bergfrieds den Wanderer – seit dem Dreißigjährigen Krieg dämmert das zerstörte Gemäuer aus dem 12. Jahrhundert vor sich hin.

Wer für den Rückweg die Route mit weniger Touristen wählen möchte, der geht weiter nach Süden und steigt nach Rhöndorf ab. Von dort aus kommt man mit öffentlichen Verkehrsmitteln gut zurück zum Ausgangspunkt in Königswinter.

Seit 1638 grüßt vom Gipfel des Drachenfels' nur noch die Ruine der 900 Jahre alten Burg

Die Sage um Siegfried und den Drachen wurde hier auf Gemälden verewigt

Dem Drachen auf der Spur

Drachenfelsstr. in 53639 Königswinter, www.siebengebirge.de

Um bereits die Anfahrt zum Erlebnis zu machen, kann man – neben Bahn und Auto – auch mit dem Schiff anreisen. Aus Richtung Köln/Bonn wie aus Richtung Frankfurt legen regelmäßig Ausflugsschiffe in Königswinter an (siehe Seite 72).

Den genauen Fahrplan der Zahnradbahn finden Sie im Internet unter www.drachenfelsbahn-koenigswinter.de. Fahrzeiten: Jan./Feb., teilweise Nov.: Mo-Fr 12-17 Uhr, Sa/So 11-18 Uhr (stündlich), März, Okt.: täglich 10-18 Uhr (halbstündlich), April: täglich 10-19 Uhr (halbstündlich), Mai-Sept.: täglich 9-19 Uhr (halbstündlich)
Kosten einfache Fahrt: EUR 7,50, Kinder EUR 4,50
Kosten Berg- und Talfahrt: EUR 9,-, Kinder 5,-

Es gibt auch Tickets, in denen außer der Fahrt auch noch der Eintritt ins Schloss Drachenburg mit Museum und in die Nibelungenhalle enthalten ist.
Weitere Infos auch unter www.nibelungenhalle.de
und unter www.schloss-drachenburg.de.

Wer in Rhöndorf vorbeikommt, kann noch rasch einen Blick ins Adenauerhaus werfen. Der Eintritt ist frei. Tel.: 02224 / 921234, www.adenauerhaus.de, Geöffnet: Mai-Sept.: Di-So 10-18 Uhr, Okt.-April: 10-16.30 Uhr

20

Was für ein Ausblick! Da sag noch mal einer, das Ruhrgebiet sei nichts für Romantiker

Den Sonnenaufgang auf einer Halde sehen

Nur das Meeresrauschen fehlt ein bisschen

Einmal dabei sein, wenn das Ruhrgebiet erwacht. Das muss man einfach erlebt haben, meinte Hörerin Rebecca von Clanner und hat WDR 2 kurzerhand eingeladen, mit ihr einen Sonnenaufgang auf ihrer Lieblingshalde in Waltrop zu betrachten.

Ein Termin, der mitten in der Nacht beginnt – klar, das kann nur ein Frühmoderator

übernehmen. Helmut Rehmsen tat es gern und verabredete sich in einer finsteren Novembernacht mit Rebecca von Clanner an der Halde. Gemeinsam ging's hoch auf den 15 Meter hohen Hügel und oben gab's die erste Überraschung. Sozusagen als i-Punkt auf der Abraumhalde steht ein zwölf Meter hoher Spurwerkturm, und auch den galt es im Dunkeln zu erklimmen. 15 Meter Halde

Für Sonnenaufgangfans: der Spurwerkturm

gekleidet war, damit der Fahrkorb nicht links und rechts antitschte, sondern eben in der Spur blieb. Als die Zeche Waltrop zumachte, bewahrte jemand diese Spurlatten auf und der Künstler Jan Bormann baute aus eben diesen Latten den Spurwerkturm.

Dann, um 7 Uhr 47 war es endlich so weit. Der Zeitpunkt des Sonnenaufgangs. Doch nichts war zu sehen. Dicke Wolken machten den beiden Ausflüglern einen Strich durch die Rechnung.

plus zwölf Meter Turm, das ist fürs Ruhrgebiet ganz schön hoch, da müsste man doch beim Sonnenaufgang eine tolle Aussicht haben.

Beim Warten auf die Dämmerung erfuhr Helmut Rehmsen so einiges über die Halde: Zum Beispiel, dass sie im Winter eine prima Rodelbahn sein könnte, läge genügend Schnee. Aber dass sie am schönsten im Sommer sei und man dann hier wunderbar laue Abende verbringen könne. Und dass der Spurwerkturm so heißt, weil er aus Spurlatten besteht. Das sind die Latten, mit denen der Förderschacht von Zechen aus-

Weiteres Warten zahlte sich aber wenigstens doch noch ein bisschen aus: ein roter Sonnenstreif zeigte sich durch ein Wolkenloch. Und den Ausblick auf das östliche Ruhrgebiet hat Helmut Rehmsen auch trotz Wolken genossen, hat er doch in der Nähe das Ei von Colani (Lüntec-Tower) und in der Ferne Lünen und Datteln entdeckt.

Bei gutem Wetter möchte er noch einmal wiederkommen, um einen richtig tollen Sonnenaufgang auf der Halde zu erleben. Früh aufstehen ist er ja gewohnt.

Die besten Plätze

Infos zur Halde:
www.waltrop.de (Menüpunkt „Freizeit & Touristik", „Sehenswürdigkeiten")

Die Ruhrgebietler machen sich ihre Berge selbst. Überall gibt es Abraumhalden, von deren Spitzen man prima Sonnenaufgänge betrachten kann. Z.B. Halde Großes Holz in Bergkamen, Halde Haniel in Bottrop oder Halde Rungenberg in Gelsenkirchen. Weitere Infos unter www.ruhr-guide.de (Menüpukt „Freizeit", „Industriekultur")

Zeitpunkte für den Sonnenaufgang am entsprechenden Tag findet man unter
www.sonnenaufgang-sonnenuntergang.de

21

WDR 2 Moderatorin Gisela Steinhauer montiert ein Sender-Schloss ans Gitter der Hohenzollernbrücke

Ein Schloss auf einer Brücke anbringen

Kölner Pilgerstätte für Verliebte

Abgesehen von dem goldenen Ring am Finger: Was kann ein schönerer Liebesbeweis sein, als ein eiserner Treueschwur? Der ist in den letzten drei Jahren so sehr in Mode gekommen, dass sich ein schäbiger Sicherheitszaun zum romantischsten Ort Nordrhein-Westfalens verwandelt hat.

Der Zaun steht auf der Hohenzollernbrücke in Köln. Ihn zieren mittlerweile Tausende Liebesschlösser – und seit letztem Herbst auch eins von WDR 2. Moderatorin Gisela Steinhauer hat es dort angebracht, um der unvergänglichen Liebe eines Senders zu seinem Land ein Denkmal zu setzen.

Und seitdem hängt das rote Vorhänge-schloss mit den blauen WDR 2 Insignien in-mitten der anderen bunten Liebeschlösser in allen Größen und Farben. Hauptsächlich sind die natürlich rot und golden, und auf ihnen sind romantische Dinge wie etwa „Natascha & Manuel forever" oder „in ewi-ger Liebe, Paul" eingraviert. Es gibt aber auch ausgefallene mit pinkfarbenem Toten-kopf, oder solche, die die Liebe zu einem Verein (in Köln vorzugsweise zum 1. FC) be-kunden.

Sogar ein Liebesschloss für die Bahn soll dort hängen, gefunden haben wir es aller-dings nicht. Die Bahnverwaltung hat sich in punkto Schlösser schließlich recht weltoffen gezeigt. Zuerst war sie nämlich gar nicht

begeistert von dem plötzlich auftauchenden Liebesschlösserbrauch. Gemeinsam mit der Stadt Köln wollte sie alle entfernen lassen. Der Sicherheitszaun, der die Gleise vom Fußweg auf der Hohenzollernbrücke trennt, sollte wieder nur der Sicherheit und nicht mehr der Romantik dienen. Zumal die Schlösser Tonnen wiegen dürften. Für die Traglast der Brücke ein wichtiger Aspekt. Doch die Liebenden setzten sich nach hef-tigen Protesten durch. Die Schlösser dürfen vorerst bleiben.

Und seitdem ist Köln um eine Attraktion rei-cher. Denn der Zaun fällt auf. Fährt man mit dem Zug über die Hohenzollernbrücke in den Kölner Bahnhof ein, ist der Reisende den Schlössern so nah, dass er sogar einige

Schloss an Schloss – so viel Liebe an einem einzigen Zaun

Inschriften lesen kann. Die Gelegenheit hat er vor allem dann, wenn der Zug auf der Brücke warten muss, bis er Einfahrerlaubnis in den Bahnhof bekommt.

Woher der Brauch kommt, ist nicht so ganz klar. An den Tiberbrücken in Italien hängen viele solcher Schlösser, es gibt sie aber auch in anderen Ländern wie den USA, China und Lettland. Die Schlösser halten symbolisch die Liebe zusammen.

Für den Treueschwur gibt es ein bestimmtes Reglement: Man geht mit seiner Liebsten oder seinem Liebsten auf die Brücke, präsentiert ihr/ihm das gravierte Vorhängeschloss ähnlich spektakulär wie einen glitzernden Verlobungsring und spricht den eisernen Treueschwur – nach Vorlage oder Fantasie. Dann muss das Pärchen gemeinsam das Schloss am Zaun anbringen. Das einschnappende „Klick" kommt dem „Ja" in der Kirche schon recht nahe. Als letztes muss dann gemeinsam der Schlüssel in den Rhein geworfen werden, wo er auf immer und ewig bleibt.

Es soll jedoch Findige geben, die für den Fall der Fälle einen Zweitschlüssel in der Kommode daheim versteckt haben …

Beschlossene Sache

Schloss und Schlüssel als Bild
für die unvergängliche Liebe,
das gab's schon im Minnesang:

Dû bist mîn, ich bin dîn.
des solt dû gewis sîn.
dû bist beslozzen
in mînem herzen,
verlorn ist daz sluzzelîn:
dû muost ouch immêr darinne sîn.
(um 1200)

Und es hat „Klick" gemacht

Die Schlüssel- und Gravurgeschäfte in unmittelbarer Umgebung der Hohenzollernbrücke haben sich längst auf den neuen Brauch eingestellt und geben Formulierungs- und Farbtipps.
Liebesschlösser gibt es übrigens nicht nur in Köln, sondern zum Beispiel auch in Bottrop an der Aussichtsplattform des Tetraeder und am Gasometer in Oberhausen.
Auch am Aasee in Münster wurden schon Liebesschlösser gesichtet.
Weitere Adressen und viele Informationen rund um den Trend hat Ricardo Kappel im Internet gesammelt: www.das-liebesschloss.de
Der Brauch wird mittlerweile sogar wissenschaftlich erforscht und zwar am LVR-Institut für Landeskunde und Regionalgeschichte in Bonn.

Ehemaliges Königspaar aus Neuss: Dr. Hermann-Josef Verfürth und seine Frau Elisabeth

Einmal im Leben Schützenkönig sein

Das ist wirklich die Krönung

Jedes größere Dorf und jeder traditionsbewusste Stadtteil hat seinen Schützenverein. Manche verstehen sich vor allem als Sportvereine, andere als Hüter des Brauchtums. Bei denen geht es sehr gesellig zu. Uniformen mit glitzernden Orden gehören dazu, ein ordentliches Reglement, jede Menge Musik, Umzüge und große Feste, an denen die gesamte Bevölkerung teilnimmt. Jeder, der älter ist als zwölf, kann einem Schützenverein beitreten. Um Schützenkönig zu werden, muss man aber volljährig sein – und in den meisten Vereinen auch männlich.

Kein Schützenfest ohne Umzug. Uniform, Orden und Musik inklusive

Natürlich wird in Schützenvereinen auch geschossen und wer das am besten kann, der wird Schützenkönig. Vor dem Zielen sollte man aber die Folgekosten bedenken. Auch wenn er noch so gut trifft – ein Kleinverdiener dürfte mit den Verpflichtungen, die das Königsjahr mit sich bringt, überfordert sein. In manchen Orten kommt an Kosten schnell der Wert eines Mittelklassewagens zusammen. Es gibt aber auch Vereine, da kostet der Spaß kaum mehr als ein paar hundert Euro.

Beim sogenannten Königsschießen wird der sprichwörtliche Vogel abgeschossen. Es gilt, einen Holzvogel von der Stange herunterzuholen und zwar nach einem bestimmten Prozedere. Wie das aussieht, darf jeder Verein selbst entscheiden, was für gehörige Unterschiede sorgt. Wenn alle geballert haben,

sieht das Holztier ziemlich gerupft aus – und wenn der letzte Rest fällt, heißt es: Trara, der Verein hat einen neuen Schützenkönig. Das muss unbedingt gefeiert werden und zwar mit einem Umzug und Tschingderassabum. Der neue König sollte folgenden Spruch sagen: „Heute trinkt ihr auf mein Wohl und auf meine Kosten!" und sein Portemonnaie zücken. Schützenfeste sind meist feucht-fröhlich und dauern mehrere Tage lang. Der König wird zusammen mit seiner Schützenkönigin in einer geschmückten Kutsche durch die Straßen gefahren, begleitet von mehr oder weniger vielen Blaskapellen, Reiterstaffeln und Schützenkompanien mit Säbel- und Gewehrattrappen.

Dass die Schützenvereine einen militärischen Ursprung haben, verwundert nicht weiter. Sie waren dazu da, die Städte zu verteidigen – wahlweise gegen die bösen Protestanten (Dreißigjähriger Krieg 1618-1648) oder gegen die bösen Franzosen (napoleonische Kriege 1792-1815). Als Faustregel gilt heute: je ländlicher, desto mehr Schützenverein. Und desto größer auch sein Einfluss auf das Leben im Dorf. Da empfiehlt es sich sogar für den ortsansässigen Pfarrer bei den Schützenfesten trinkfest und mit guter Miene dabei zu sein, will er seine Schäfchen wohlgesinnt wissen.

Der Schuss auf den Holzvogel entscheidet

Rund um das Schützenfest

Der Deutsche Schützenbund ist eine Art Dachverband vieler Schützenvereine und hat 1,5 Millionen Mitglieder.
www.dsb.de, Tel.: 0611 / 468070

Weitere Verbände in NRW:
www.rheinischer-schuetzenbund.de,
Tel.: 02175 / 16920
www.wsb1861.de (Westfälischer Schützenbund),
Tel.: 0231 / 8610600
www.sauerlaender-schuetzenbund.de,
Tel.: 02932 / 897905

In manchen Vereinen wird nicht der „Vogel abgeschossen", sondern der König per Zielscheibenschießen o. ä. ermittelt. Einige moderne Vereinen lassen mittlerweile sogar Frauen mitschießen.

Eine Neusser Schützenfahne mit Stadtwappen und den neun goldenen Kugeln – Zeichen des Stadtpatrons St. Quirinus

Alljährlich im August findet in Neuss das Bürger-Schützenfest statt. Es ist das weltweit größte Schützenfest, das von einem einzigen Verein organisiert wird, also ohne Gastvereine aus anderen Städten.
Fast 6.800 Schützen und Begleiter marschieren durch die Stadt, bis zu 1,5 Millionen Menschen jubeln ihnen zu. Termin ist immer das letzte Augustwochenende,
Tel.: 02131 / 277070, www.schuetzenfest-neuss.com

Vom Biergarten aus wirkt Deutschlands höchste Eisenbahnbrücke von Glas zu Glas eindrucksvoller

Über die Müngstener Brücke fahren

Die große Frage: Hält sie oder hält sie nicht?

Die Müngstener Brücke überquert bei Müngsten die Wupper und verbindet damit Remscheid und Solingen. Sie ist Deutschlands höchste Eisenbahnbrücke. Gebaut wurde sie vor über 100 Jahren – und damit ist jeder Ausflug dorthin eine Reise in die Geschichte. Immerhin half die Eisenbahn damals der aufkommenden Industrie im Bergischen Land, ihre Produkte an den Mann zu bringen. Als Wunder der Technik wurde die kühne Stahlkonstruktion bezeichnet.

Dieses Wunder lässt sich heute aus vielen Perspektiven besichtigen: Man kann zu Fuß durch das Tal streifen und so die Brücke wandernd erkunden. Außerdem gibt es schöne Radwege und man kann auf der Wupper auch drunter her paddeln.

Das Erlebnis „Mit dem Zug über die Brücke fahren" wurde allerdings im Herbst 2010 ziemlich erschwert: Das Eisenbahnbundesamt verbot das Befahren der Müngstener Brücke. Die Beamten zweifelten an der

Standsicherheit des Bauwerks und die Bahn wurde dazu verpflichtet nachzuweisen, dass die alte Brücke stabil genug für die Züge ist. Ein Gutachten wurde erstellt und die Freigabe kam – nur hatte leider jemand das Leergewicht der Züge als Grundlage der Berechnung genommen und nicht das Gesamtgewicht inklusive Passagieren. So hieß es nun immer kurz vor der Brücke: Alles aussteigen! Die Reisenden der RB 47 stiegen in Busse um und der leere Zug rumpelte über die Brücke. Auf der anderen Seite konnten die Passagiere dann wieder einsteigen.

Die Einzigen, die wirklich mit der Bahn über die Müngstener Brücke fahren konnten, waren die Lokführer. Zum Redaktionsschluss dieses Buches war die Situation noch nicht geklärt, aber die Bahn arbeitete „mit Hochdruck daran, ein neues Genehmigungsverfahren zu beantragen."

So oder so lohnt sich ein Ausflug. Unten im Tal lockt der Brückenpark mit Gastronomie und Attraktionen wie der handbetriebenen Schwebefähre über die Wupper.

Außerdem ist das ganze Gebiet mit Wanderwegen gut erschlossen, beispielsweise bietet sich ein Spaziergang zum Schloss Burg an, wo man neben einer Schlossbesichtigung dann eine Bergische Kaffeetafel genießen kann (siehe Seite 112).

So kommt man über die Wupper

Einweihung: 1897 als „König-Wilhelm-Brücke"
Länge: 465 m
Höhe der Brücke: 107 m
Bogenspannweite: 170 m
Baumaterial: 5.000 t Eisen und Gussstahl und 950.000 Nieten

Eine Fahrt von Solingen Hbf nach Remscheid Hbf (Preisstufe B) kostet EUR 4,70, Kinder zahlen EUR 1,40.

Brückenpark
Müngstener Brückenweg 71 in 42659 Solingen
www.brueckenpark-muengsten.de, Eintritt frei

Seit 2006 lockt der Park unter der Müngstener Brücke mit in Szene gesetzter Natur: Ufer- und Auenzonen wurden angelegt und über die Wupper ragen Balkone, die den Blick auf den Fluss und die Brücke freigeben. Einmal im Jahr findet im Park die Kulturveranstaltung „Brückenzauber" statt (Infos auf www.solingen.de).

Die Schwebefähre im Brückenpark – ein Unikat, ähnlich einer Draisine – fährt abhängig vom Wetter. Tel.: 0212 / 2443685, Fahrzeiten: Sommer: 10-18 Uhr, Winter: 10-17 Uhr, Kosten: EUR 0,50, Mitnahme Fahrräder EUR 0,50

Einmal Rheinluft schnuppern – schon erholt: Kurzurlaub auf dem Ausflugsschiff

Einmal mit einem Rheinschiff fahren

Schiff ahoi – Kurzurlaub auf dem Fluss

Rhenus fluvius est – das ist einer der ersten Sätze, die der Pennäler im Lateinunterricht lernt und fürwahr: Was für ein Fluss ist der Rhein! Ohne ihn wäre Nordrhein-Westfalen lange nicht das, was es ist. Der Rhein ist eine der wichtigsten Wasser- und Handelsstraßen überhaupt – und noch dazu so schön. Deshalb ist eine Schifffahrt über den Rhein eines der Dinge, die ein Nordrhein-Westfale in seinem Leben unbedingt getan haben muss.

Und dazu kann er unter vielen Varianten wählen: es gibt kleine Boote und große Kreuzfahrtschiffe, er kann für fünf Minuten mit einer Fähre zum anderen Ufer schippern oder ganze zehn Tage lang eine Flussschifffahrt machen. Etwa 1.233 Kilometer misst der Rhein, davon entfallen 226 Kilometer auf NRW. In Bad Honnef passiert er die Landesgrenze, fließt dann vorbei an Bonn, Köln, Leverkusen, Düsseldorf, Duisburg, Wesel und Rees, um sich kurz hinter Emmerich in die Niederlande zu verabschieden.

Die schönste Strecke in Nordrhein-Westfalen ist wohl die von Köln ins Siebengebirge. Mit dem Dom im Rücken ist man dem Siebengebirge näher als gedacht. Mangels wirklicher Berge nennen die Kölner ihre alten Lagergebäude mit den sieben Giebeln im Hafen nämlich schlicht „Kölner Siebengebirge". Fährt das Schiff an Wesseling vorbei, kommen lediglich Industrie-Interessierte auf ihre Kosten, die anderen schauen erst dann wieder auf die Landschaft, wenn die Bundesstadt Bonn in Sicht kommt. Der Blick auf die Villa Hammerschmidt ruft Erinnerungen an die Bonner Republik wach, als hier noch der Sitz des Bundespräsidenten war (siehe Seite 148).

Hinter Bonn kommt mit der Godesburg endlich eine Rheinburg in Sicht. Dann ziehen mit dem Siebengebirge die „rheinischen Alpen" an Backbord vorbei. Von weitem grüßt der Petersberg mit dem berühmten Hotel, einst Gästehaus der Bundesregierung, auf der anderen Rheinseite liegt das romantische Städtchen Königswinter. Ein paar Meilen weiter ist der Drachenfels zu sehen, den es unbedingt mal zu erklimmen gilt (siehe Seite 58). Ab hier hat man schon eine Idee von der viel besungenen Rheinromantik.

Doch wen das romantischste Stück Rhein lockt, der sollte an der Landesgrenze einfach im Boot sitzen bleiben: Weiter Richtung Oberrhein locken Remagen (Burgruine Rolandsbogen), St. Goarshausen (mit der Loreley) und Bingen.

WDR 2 Moderatorin Heike Knispel kommt vom Niederrhein und liebt ihren Fluss heiß und innig. Ihr Tipp: Einfach mal mit der Fähre von Meerbusch-Langst-Kierst zum zauberhaften Düsseldorf-Kaiserswerth übersetzen. In kürzester Zeit stellt sich ein wunderbares, kleines Urlaubsgefühl ein. Und auf der Ruine Kaiserpfalz, schon vom alten Barbarossa genutzt, kann man prima träumen und in einem der vielen Kaiserswerther Lokale sein Altbier oder einen Schoppen genießen.

So wie Heike Knispel lieben die meisten ihren Rhein. Wenn sie nicht auf ihm unterwegs sind, fahren sie Fahrrad oder spielen Fußball an seinen Ufern, machen Picknick auf den Rheinwiesen oder lassen im Herbst Drachen steigen.

Romantische Rheintouren

Zwischen Königswinter und Bonn:
Tel.: 02223 / 22578, www.rheinschiffahrt.de (mit zwei „f"!)

Rundfahrten in Düsseldorf und Köln, Linienfahrten auf Rhein und Mosel:
Tel.: 0221 / 2088318, www.k-d.de

Viele Stationen zwischen Duisburg und Mainz:
Tel.: 0228 / 636363, www.b-p-s.de

Für ganz lange Rheinfahrten:
Tel.: 01805 / 966333 (0,14 EUR/Min. aus dem dt. Festnetz), www.flusskreuzfahrtberater.de

25

Kein Knick in der Optik – die Gehry-Bauten am Rheinturm sind mit Absicht schief und krumm

Vom Düsseldorfer Rheinturm schauen

Die Welt wird Ihnen zu Füßen liegen

Nein, die Düsseldorfer haben keinen Dom, den sie dort lassen, wo er hingehört. Aber sie haben, ähnlich wie die südlicheren Nachbarn, ein ganz schön langes Stück Rhein (er macht hier so verrückte Windungen, dass man leichthin die Orientierung verliert). Und sie haben den Rheinturm, der genau zwischen der urigen Altstadt und dem schicken Medienhafen zu Hause ist. In den Reiseführern erfährt man, dass es sich bei dem Rheinturm um Deutschlands zehnthöchsten Fernsehturm (240,50 Meter) handelt, und dass er der erste komplett aus Stahlbeton gefertigte Turm ist. Düsseldorfer nennen ihn liebevoll „Lang Wellem".

Mit dem Fahrstuhl geht's 168 Meter in die Höhe bis zur geschlossenen Panoramaebene, und von dort kann man bei gutem Wetter ein großes Stück NRW beschauen:

Niederrhein, Bergisches Land, Ruhrgebiet, alles im Umkreis von 40 Kilometern ist in Sicht – auch der Kölner Dom!

Das wirklich Spannende ist aber nicht, in die Ferne zu schauen, sondern sich mit etwas Mut auf die schrägen Panzerglasfenster zu lehnen und in die Tiefe zu blicken. Der Medienhafen mit den drei schiefen Gehry-Häusern, der Landtag, das Landesstudio des WDR, Altstadt, Hofgarten, Königsallee und der Rhein mit seiner Brückenfamilie – alles liegt einem zu Füßen. Nach dieser Orientierung kann man sich ohne Bedenken in das lustige Leben der Altstadt mit seinen Brauhäusern und der längsten Theke der Welt stürzen.

Einmalig sind die leuchtenden Bullaugen an der Nordseite des Turmschafts. Zusammen bilden sie die größte Dezimaluhr der Welt, die Kenner auch nach drei Altbieren noch lesen können. Per Sensor schaltet sich die Uhr nach Einbruch der Dämmerung automatisch ein. Übrigens: Alle zehn Minuten verwandelt sie sich in eine kunterbunte Lichtorgel, die in den Farben der Sportstadt Düsseldorf blinkt. Sehenswertes Schauspiel!

Das sollte man über den Rheinturm wissen

Einweihung: 1982, **Höhe:** 240,5 m
256 Betonpfähle – zwischen 17 und 22 Metern lang – bilden das Fundament.
Er ist komplett aus Stahlbeton gefertigt.

Besonderheit: größte Dezimaluhr der Welt (Künstler: Horst H. Baumann), sie schaltet sich bei Dämmerung ein. Zum Lernen der Turmuhr hier nachschlagen:
www.duesseldorf.de (Menüpunkt „Stadtinfo", weiter unten „Der Rheinturm")

Ebene 1: Aussichtsplattform auf 165 Metern, nach außen offen und durch ein Drahtgittergeflecht geschützt

Ebene 2: Panoramaplattform auf 168 Metern, ein geschlossener Raum mit schräg angebrachten Fensterreihen und Cafeteria

Ebene 3: Drehrestaurant auf 172,5 Metern, dreht sich einmal stündlich um die eigene Achse

Rheinturm, Stromstr. 20 in 40221 Düsseldorf

Tel.: 0211 / 8632000, www.guennewig.de
Geöffnet: täglich 10-23.30 Uhr (Rosenmontag und Heiligabend geschlossen)

Kosten für die Aufzugfahrt:
EUR 3,80, Kinder EUR 3,10

Die Altstadt zu Füßen: Blick vom Rheinturm

Heldenhaft und stets siegreich – Karl Mays legendäre Figuren Winnetou und Old Shatterhand

Einmal die Karl-May-Festspiele erleben

Ein Tag auf Winnetous Spuren

1950 wurde im sauerländischen Elspe damit begonnen, Freiluft-Theaterstücke aufzuführen. Seit 1958 wird nur noch Karl May gespielt. Das Elspe-Festival zieht seitdem jedes Jahr um die 200.000 Besucher an.

In den Anfangsjahren wurde das Spektakel noch wenig professionell organisiert. Die Pferde, die man für eine Winnetou-Geschichte braucht, lieh man sich von örtlichen Landwirten aus. Vormittags hatten die Tiere noch Pflüge gezogen, nachmittags wurden sie dann über die Naturbühne geführt. Mittlerweile sind sowohl die Pferde als auch die menschlichen Darsteller Profis. Bis zu 4.000 Besucher passen auf die überdachten Zuschauerränge, die einen Blick auf die hundert Meter breite Naturbühne bieten. Zusätzlich gibt es eine Stuntshow und viel Gastronomie auf dem Gelände. Man kann aber auch sein eigenes Picknick mitbringen. Vor allem die Familien, die aus der Umgebung anreisen, nutzen das.

Einmal selbst im Karl-May-Stück mitzuspielen ist leider zu gefährlich für Laien. Da wird geschossen, galoppiert, geprügelt und es gibt auch Explosionen. Pierre Brice, der berühmteste Winnetou aller Zeiten, hat 1986 nach zehn Jahren Elspe die Friedenspfeife und die Flinte an andere Profischauspieler übergeben. Aber auf dem weitläufigen Gelände bieten sich viele Möglichkeiten für ganz persönliche Winnetou-Interpretationen. Und sei es nur Steak zu essen wie Winnetou.

Explosionen und Stunts sorgen für Spannung

Hier geht's zum Wilden Westen

Zur Naturbühne 1 in 57368 Lennestadt-Elspe, Tel.: 02721 / 94440, www.elspe.de

Die Sommersaison in Elspe geht von Mitte Juni bis Mitte September.
Über das aktuelle Programm, Preise (und über ausverkaufte Vorstellungen!) informieren Sie sich am besten per Internet.

Elspe liegt in der Nähe von Attendorn und gehört heute zu Lennestadt.

Die Naturbühne entführt die Zuschauer direkt in den Wilden Westen

Selbst gebraut und mit Freunden geteilt schmeckt der gute Gerstensaft noch besser

Einmal eine eigene Biersorte brauen

Und dann mit guten Freunden anstoßen

Im Bierland Nordrhein-Westfalen ist es gar nicht so einfach, den Überblick über die verschiedenen Biersorten zu behalten. Was dem Einen sein Alt, ist dem Anderen sein Kölsch oder sein Pils und wie sie alle heißen. In Nordrhein-Westfalen werden etwa zwanzig Prozent des deutschen Biers hergestellt – nur die Bayern produzieren in manchen Jahren etwas mehr Bier, ganz Frankreich zum Beispiel wesentlich weniger.

Verblüffend eigentlich, dass nur so wenige Menschen im Land sich ihr Lieblingsgetränk selbst herstellen. Dabei ist es gar nicht so schrecklich schwer. Zunächst einmal gilt es, sich die Zutaten zu besorgen. Da hilft das Internet, über das man geeignete Versandhändler finden kann. Malz und Hefe werden auf diese Weise gekauft, das Wasser nimmt man aus dem Hahn.

An Ausrüstung braucht man vor allem einige große Töpfe (die man eine Weile lang blockieren darf), Kellen, Messbecher, eine Bierspindel und ein Thermometer. Und Flaschen! Gut eignen sich Bügelverschlussflaschen, in die mindestens ein Liter passt.

Wenn Sie von diesen Flaschen weniger als 200 im Jahr abfüllen (und sie nicht verkaufen!), sind Sie von der Biersteuer befreit. Ansonsten werden nämlich Steuern fällig. Aber auch unter dieser Grenze muss die Hausbrauerei beim zuständigen Hauptzollamt angemeldet werden: Es besteht Meldepflicht! Das geht aber in der Regel problemlos per E-Mail.

Hier eine genaue Anleitung oder ein Rezept fürs Bierbrauen aufzuschreiben, würde den Rahmen sprengen – zumal wir für jede Region ja ein eigenes Rezept aufführen müssten. Aber dafür gibt es im Handel und im Internet entsprechendes Material.

Und wie Sie Ihr persönliches Hausgebräu nennen, ob Sie schöne Etiketten entwerfen und welchen ausgewählten Gästen Sie das Ergebnis servieren, das bleibt sowieso Ihnen überlassen. Na dann Prost!

Das ist Ihr Bier

Anleitungen im Internet findet man zum Beispiel auf www.wdr.de (als Suchbegriff „Bier brauen" eingeben), bei www.chefkoch.de oder im Forum www.hobbybrauer.de. Brauereien wie Sünner Kölsch oder Hövels in Dortmund bieten übrigens Brauseminare an. Einfach mal bei der Lieblingsbrauerei nachfragen.

Theoretisches Bier
Brauerei-Museum Dortmund
Steigerstr. 16 in 44145 Dortmund, Tel.: 0231 / 8400200, www.brauereimuseum.dortmund.de
Geöffnet: Di/Mi, Fr, So 10-17 Uhr, Do 10-20 Uhr, Sa 12-17 Uhr
Eintritt: EUR 2,50, erm. EUR 1,25

Erwandertes Bier
Den Kölner Brauhauswanderweg gibt es als geführte Tour durch die Altstadt-Brauhäuser. Tel.: 0172 / 8320665, www.koelner-brauhaus-wanderweg.de

Märchenhafte Kuppel aus Tausend und einer Nacht mitten im Ruhrgebiet

Die große Moschee in Duisburg besuchen

Einblick in die größte Moschee Deutschlands

■ Duisburg-Marxloh gilt nicht gerade als Villenviertel. Geprägt von der Stahlindustrie vergangener Zeiten ist es ein typisches Arbeiterquartier. Mit dem Niedergang der Stahlerzeugung im Ruhrgebiet fielen auch hier viele Arbeitsplätze weg. Wer woanders einen Job fand, zog fort, gleichzeitig stieg der Anteil der Einwanderer aus anderen Ländern wie der Türkei an. Im März 2005 begann man mit dem Bau der DITIB-Merkez Moschee in Marxloh, die die provisorische Moschee in der früheren Zechenkantine ablösen sollte. Die reibungslose und schnelle Bauzeit wird heute auch als „Wunder von Marxloh" bezeichnet.

Seit Deutschlands größte Moschee 2008 offiziell eröffnet wurde, kommen nicht nur die Gemeindemitglieder, sondern auch viele Neugierige vorbei. Im angegliederten Bistro kann man sich mit Lammfilet oder gefüllten Auberginen auf eine Führung durch die Moschee einstimmen. Die Moschee ist im traditionellen osmanischen Stil erbaut. Fasst man Gebetssaal und Empore zusammen, können hier 1.200 Gläubige zur selben Zeit beten. DITIB ist übrigens der Dachverband Türkisch-Islamische Union der Anstalt für Religion e.V.

Außer der größten Moschee bietet Nordrhein-Westfalen übrigens auch noch viele andere Adressen für interessante Ausflüge in Kulturen und Religionen. Mehr Informationen dazu im Infokasten auf der nächsten Seite.

Die DITIB-Merkez Moschee in Duisburg-Marxloh ist die größte Moschee Deutschlands

Reise durch die Religionen

Duisburg DITIB Moschee mit Bildungs- und Begegnungsstätte

Warbruckstr. 51 in 47169 Duisburg, www.ditib-duisburg.com
Kostenlose Führungen: Mo 15 Uhr, Mi 11 Uhr, Sa 11 Uhr
Dauer ca. eine Stunde, keine Anmeldung erforderlich.
Gruppen ab zehn Personen bitte anmelden unter Tel.: 0203 / 5789840
Aus hygienischen Gründen darf der Gebetsraum nicht mit Schuhen oder barfuß
betreten werden. Auf angemessene Kleidung sollte – wie in allen Gotteshäusern –
geachtet werden. Schultern, Dekolleté und Beine müssen bedeckt sein.

Die **„Alte Synagoge" Essen** gehört zu den größten Synagogenbauten Europas und ist
seit der Wiedereröffnung 2010 als Haus jüdischer Kultur für Besucher geöffnet.

Steeler Str. 29/Edmund-Körner-Platz 1 in 45127 Essen
Tel.: 0201 / 8845218, www.alte-synagoge.essen.de
Geöffnet: Di-So 10-18 Uhr, 1.5., 24.+31.12., 1.1. geschlossen; öffentliche Führungen
jeden 1. und 3. Sonntag im Monat 15 Uhr, Anmeldung nicht erforderlich
Eintritt frei, Kosten Führungen: EUR 3,-, erm. EUR 2,-

Europas größter Hindutempel im südindischen Stil befindet sich in **Hamm-Uentrop**:
der Hindu Shankarar Sri Kamadchi Ampal Tempel

Siegenbeckstr. 4-5 in 59071 Hamm, www.kamadchi-ampal.de
Geöffnet: täglich 8-14 Uhr und 17-20 Uhr, Gottesdienste täglich 8 Uhr, 12 Uhr, 18 Uhr
(Gäste dürfen gern teilnehmen), Führungen können unter Tel.: 02381 / 307163
angemeldet werden.

Übers ganze Jahr finden zahlreiche Veranstaltungen im Tempel statt. Eine Übersicht
gibt's auf der Homepage. Höhepunkt ist das Jahresfest (meist Mai oder Juni), hierzu
werden regelmäßig 20.000 Gäste erwartet.

Das **„EKO-Haus"** ist ein **japanisches Kulturzentrum in Düsseldorf**, zu dem unter anderem
ein buddhistischer Tempel, japanische Gärten, ein Kindergarten, eine Bibliothek und
Räume für Seminare gehören.

Brüggener Weg 6 in 40547 Düsseldorf
Tel.: 0211 / 577918222, www.eko-haus.de
Geöffnet: Di-So 13-17 Uhr (außer Feiertage, Oster-, Herbst- und Weihnachtsferien),
Gruppenführungen nach telefonischer Anmeldung: Di-Fr 13-17 Uhr,
Wochenende auf Anfrage
Eintritt: EUR 2,50, erm. EUR 1,50, Kosten Führung: EUR 30,- bis 50,- / Gruppe

Früh übt sich, wer auf Brettern stehen will. Wasserski fahren ist gar nicht so einfach

In Nordrhein-Westfalen Wasserski fahren

Zwei Bretter, ein Seil und ab über den See

Für Anfänger ist das Wasserskifahren ein kurzes Vergnügen. Kaum ist der Bügel gegriffen und das Seil angezogen, liegt man auch schon im Wasser. Aber durchhalten! Schon nach ein paar Versuchen gelingt es bis zur ersten Kurve und spätestens nach einem Tag ist eine komplette Runde geschafft. Allerdings haben die meisten bis dahin auch einige Lacher geerntet. Als Anfänger legt man nämlich oft spektakuläre Stunts hin – wenn auch eher ungewollt. Und leider stehen immer ein paar am Rand und bekommen es mit. In Max Schautzers Sendung „Pleiten, Pech und Pannen" waren die Wasserskianlagen in NRW regelmäßig zu sehen.

Wer es privater will, kann sich auf vielen Anlagen einen Nebenteil mieten, hier Sommerfeste feiern oder einfach unter Freunden sein. Da sind peinliche Wasserplatscher nicht so unangenehm. Die Profis auf den Wakeboards sorgen dann für wirklich gute Hingucker. Salti in der Luft und spektakuläre Sprünge. Da macht das Zuschauen Spaß.

Um sich nicht gleich beim Betreten der Anlage als Anfänger zu outen, empfiehlt sich das passende Outfit: Die Shorts sollten mindestens bis zu den Knien gehen und die Haare verwegen im Wind wehen.

Wakeborder sind die Helden der Anlage

Auch wenn der Wasserskifahrer hier in NRW von einem Seil gezogen wird und nicht so schick wie an der Côte d'Azur von einer weißen Motoryacht – Wasserskifahren bringt Urlaubsgefühle in Sekundenschnelle.

Hier steigen NRWler auf die Skier

Brühl, Bleibtreuseeweg 1
Tel.: 02232 / 969941
www.wasserski-bleibtreusee.de

Duisburg, Bertaallee 10
Tel.: 0203 / 726457
www.strandbad-wedau.de

Duisburg, Lohfelder Weg 91
Tel.: 02151 / 403747
www.wasserskilift-toeppersee.de

Hamm, Sundernstr. 10
Tel.: 02388 / 303825
www.wasserski-hamm.de

Kalletal, Seeweg 1
Tel.: 05755 / 444
www.wasserski-kalletal.de

Langenfeld, Baumberger Str. 88
Tel.: 02173 / 39462222
www.wasserski-langenfeld.de

Paderborn, Sander Str. 160
Tel.: 05254 / 68660
www.wasserski-paderborn.de

Wachtendonk, Jülicher Str.
Tel.: 02839 / 277
www.blauelagune.de

Xanten, Strohweg 2
Tel.: 02801 / 715656
www.freizeitzentrumxanten.de

Preisorientierung

Beispiel Langenfeld: Einstündiger Wasserskikurs für Anfänger EUR 26,-, Jugendliche EUR 19,-

All inclusive-Anfängerkarte für den ganzen Tag (Wasserski oder Wakeboard) EUR 52,-
Jugendliche EUR 44,-, inkl. Ski, Schwimmweste, Neoprenanzug

Ein Garten will gepflegt werden – mit Liebe und vor allem viel Zeit

Einmal im Schreber-garten anpacken

Arbeiten und entspannen im grünen Paradies

Eine Studie des Umweltministeriums NRW hat ergeben: Schrebergärten sind ein starkes Stück Nordrhein-Westfalen. Immerhin gibt es hier um die 1.600 Kleingarten-Vereine mit circa 120.000 Pacht-Zellen. Damit werkeln unsere Laubenpieper auf insgesamt über 5.000 Hektar Land!

Die Parzellen in den Kleingartenvereinen sind so unterschiedlich wie die Menschen selbst. Preiswürdige Mini-Landschaftsarchitektur findet man da neben schlicht gemäh-

ten Liegewiesen mit einem Alibi-Apfelbäumchen. Aber alle diese Gärten haben eines gemeinsam: Sie machen Arbeit! Die Laubendächer werden undicht, Bäume müssen gefällt werden, Unkraut muss raus. Hören Sie sich mal im Bekanntenkreis um, irgendjemand hat sicher ein Projekt, das nur auf Ihre Hilfe und einen Schönwettertag wartet. Vielleicht merken Sie ja, dass Sie nicht nur einen Sommertag lang anpacken möchten, sondern lieber bald selbst eigene Radieschen anbauen wollen ...

Warten auf den Garten

Viele Kleingartenvereine, vor allem die in der Nähe von Wohnvierteln gelegenen, haben lange Wartelisten. Da kann es schon mal drei Jahre und länger dauern, bis man einen eigenen Garten zugeteilt bekommt. Wer etwas längere Wege in Kauf nimmt und Abstriche bei der Umgebung (Bahndamm, Autobahnkreuz, etc.) macht, kann auch kurzfristig Glück haben.

Zunächst muss man Mitglied im entsprechenden Verein werden. Die jährlichen Kosten liegen durchschnittlich bei 300 Euro und setzen sich aus Pacht (je nach Grundstücksgröße), Versicherung und Mitgliedsbeitrag des Vereins zusammen. Auch die Kosten für Wasser, Strom und Saatgut sollte man einplanen, ebenso wie Freizeit für Gemeinschaftsarbeiten in der Gartenanlage. Außerdem muss häufig ein Betrag für Installationen und Inventar an den Vorpächter gezahlt werden.

Übrigens: Das Wort „Schrebergarten" geht auf den Leipziger Arzt Moritz Schreber (1808-1861) zurück. Es war jedoch sein Mitstreiter, Schuldirektor Ernst Innozenz Hauschild, der die Spielwiesen für Kinder von Fabrikarbeitern erfand, die sich später zum grünen Refugium der ganzen Familie entwickelten.

Garten auf Probe

Wer sich nicht zur Schrebergartensiedlung hingezogen fühlt, kann sich bei der jeweiligen Stadt informieren, ob sie Grünflächen vermietet. Oder man sucht in der Zeitung oder im Internet, denn häufig vermieten gerade ältere Menschen ihr Gartengrundstück gerne gegen die entsprechende Pflege der grünen Oase. Will man den Garten tatsächlich nur, um dort Gemüse anzubauen, kann man in einigen Städten in NRW verschieden große Grundstücke auch saisonweise mieten. In diesen Gärten sind dann bereits einige Gemüsesorten und Blumen gepflanzt. Der Mieter kümmert sich um die Pflege und Ernte und kann eine Saison lang sähen, pflanzen, gießen, ernten – und vor allem frisches Gemüse essen.

Infos über die Gemüsegärten für eine Saison gibt es unter www.meine-ernte.de

Gartenmieter und -vermieter, Informationen und Tipps von Gleichgesinnten findet man unter www.schrebergarten-forum.de

Idyllisch gelegen und seit dem Regierungssitzwechsel nach Berlin ein Museum: der Kanzlerbungalow

Den Kanzlerbungalow in Bonn besuchen

Adenauer konnte den Bau nicht ausstehen

Von 1964 bis 1999 befand sich die 200 Quadratmeter große Dienstwohnung der deutschen Bundeskanzler im sogenannten Kanzlerbungalow. Ludwig Erhard wohnte als erster darin. Kurt Georg Kiesinger lud Udo Jürgens ein, der sich an den Flügel setzte und „Merci Chérie" spielte. Aber nicht alle mochten den modernen Flachbau. Ex-Kanzler Konrad Adenauer lästerte: „Ich fürchte, der brennt nicht mal, da kann kein Mensch drin wohnen. Ich weiß nicht, welcher Architekt den Bungalow gebaut hat, aber der verdient zehn Jahre."

Willy Brandt nutzte das Gebäude nur als Gästehaus, aber sowohl Helmut Schmidt als auch Helmut Kohl bewohnten den Kanzlerbungalow tatsächlich. Kohl hatte vorher im Ludwigshafener Stadtteil Oggersheim schon in einem ähnlich flachen Bau gelebt.

Auf den schicken Sesseln hat schon lange kein Kanzler mehr gesessen

Gerhard Schröder nutzte nur die repräsentativen Räume – und mit dem Umzug der Regierung nach Berlin 1999 (und dem Auszug von Altkanzler Kohl) endete die „aktive Zeit" des Bungalows. Seit 2009 steht das renovierte Gebäude für Besichtigungen offen. Ein Sommertipp – immerhin liegt das Haus in einem schönen Park (siehe auch „Barfuß über den Präsidentenrasen laufen" auf Seite 148).

Zu Hause beim Kanzler

Adenauerallee 141 in 53113 Bonn
www.hdg.de/bonn (Menüpunkt „Ausstellungen", „Dauerausstellungen")
Einzelbesucher: So 14 Uhr (offene Begleitung; Anmeldung vor Ort ab 13.30 Uhr)
und 15 Uhr (nur nach Voranmeldung); Gruppen bis max. 20 Personen nach Anmeldung:
Di-Fr 11-15 Uhr, Sa 13-17 Uhr (letzter Einlass jeweils 1 1/2 Stunden vorher).
Anmeldung für Führungen unter Haus der Geschichte, Tel.: 0228 / 9165400
(Mo-Fr 9-16 Uhr) oder E-Mail: besucher@hdg.de

Die einstigen Bewohner des Bungalows
▶ Ludwig Erhard: 1964 bis 1967
▶ Kurt Georg Kiesinger: 1967 bis 1970
▶ Willy Brandt: 1970 bis 1974 – Er wohnte nie im Bungalow. Willy Brandt nutze ihn nur als Gästehaus der Regierung und als Tagungsort.
▶ Helmut Schmidt: 1974 bis 1983
▶ Helmut Kohl: 1983 bis 1999 – Selbst nach Kohls Abwahl 1998 ließ ihn der neue Kanzler Schröder noch im Bungalow wohnen. Schröder hatte schon Berlin im Blick.

„Hallo, ist da jemand?" Das Radioteleskop horcht ins Weltall

Auf dem Effelsberg nach Sternen suchen

Wer sagt, dass man sie nur anschauen kann?

Sterne gucken kann man überall am Nachthimmel, aber in den Weltraum hineinhorchen, das geht nicht einfach so. Wohl aber in Bad Münstereifel. Hier auf dem Effelsberg steht Europas größtes Radioteleskop – das Ohr zum Weltall.

Am schönsten ist es, vom mittelalterlichen Stadtkern aus auf den Effelsberg hochzuwandern. Auf dem Weg wird man schon auf das Weltall eingestimmt. Es gibt den „Pla-

netenwanderweg", den „Milchstraßenweg" und den „Galaxienweg". En passant bekommt man einiges über das Weltall per Informationstafeln mit. Auf dem Planetenwanderweg läuft man durch unser Sonnensystem – vom Zwergplaneten Pluto bis zur Sonne. Die ist identisch mit dem Platz des Radioteleskops.

Das Teleskop liegt in einer Talsenke und ist wirklich beeindruckend. Hundert Meter im

Durchmesser – eine riesige weiße Stahlkonstruktion mitten in der idyllischen Eifelnatur. Ein echter Koloss!

Im Besucherzentrum erfährt man so einiges über die Arbeit der Forscher dort und kann sehen, wie sie das Teleskop ständig neu ausrichten.

Nach Voranmeldung beim Max-Planck-Institut für Radioastronomie darf man auch mal selbst ins Weltall hineinhorchen. In Vorträgen gibt es Hörbeispiele aus dem All, auch von gar nicht mehr existierenden Planeten, deren Radiowellen das Teleskop immer noch einfängt. Es kann Radiowellen aus zwölf Milliarden Lichtjahren Entfernung hörbar machen!

Seit 40 Jahren ist die Station in Betrieb und lange Zeit galt sie als das größte bewegliche Radioteleskop weltweit. Das konnten die Amerikaner nicht auf sich sitzen lassen und bauten vor elf Jahren eines in West Virginia, das knapp größer ist. Viel besser horchen kann der große Bruder in den USA aber nicht.

Sterne senden Geräusche Richtung Erde

Hier hört man das Weltall

Technische Daten Radioteleskop Effelsberg
Eröffnung: 1972   **Gewicht:** 3.200 t   **Fundamentdurchmesser:** 64 m
Parabolspiegeldurchmesser: 100 m   **Horizontaldrehung:** 360° in 12 Min.
Vertikaldrehung: 90° in 6 Min.

Radio-Observatorium Effelsberg, Max-Planck-Str. in 53902 Bad Münstereifel-Effelsberg (vom gut ausgeschilderten Parkplatz circa 10 Minuten zu Fuß bis zum Teleskop)
Tel.: 02257 / 301101, www.mpifr-bonn.mpg.de

Aussichtsplateau und Diafilm frei zugänglich, Informationsvorträge im Besucherpavillon: April-Okt.: Di-Sa 10, 11, 13, 14, 15, 16 Uhr (tel. Anmeldung erforderlich)
Kosten Vortrag: EUR 2,-, Kinder EUR 1,-

Der „Radioteleskopwanderweg" beginnt in Bad Münstereifel und ist 13 Kilometer lang. Infos über die Kurverwaltung Bad Münstereifel. Tel.: 02253 / 542244,
www.bad-muenstereifel.de oder www.eifel.de

Ganz schön beeindruckend. Karl der Große wollte Rom Konkurrenz machen

Einmal den Aachener Dom besuchen

Wo der Teufel persönlich den Daumen verlor

Eigentlich sollte es das neue Zentrum der Welt werden. Karl der Große, der mit circa 184 Zentimetern für die damalige Zeit wirklich groß war, träumte davon, in Aachen eine Stadt zu errichten, die Rom ebenbürtig war. Und da es in Rom schon eine mächtige Basilika – den Vorgängerbau des Petersdoms – gab, brauchte Aachen ebenfalls eine ordentliche Kirche. Karl wollte ein Zeichen setzen und baute imposant.

Etwa 795 begann er mit dem Ausbau seiner Pfalz-Kapelle zu einem gewaltigen Gotteshaus. Der achteckige Zentralbau, das karolingische Oktogon, war bereits wenige Jahre später vollendet. Jahrhunderte lang bauten die Aachener weiter an ihrem Dom. 1414 wurde die gotische Chorhalle vollendet und in den nachfolgenden Jahrhunderten kam dann immer mal wieder die eine oder andere Kapelle hinzu.

In der Kapelle des Aachener Doms sind zahlreiche deutsche Könige gekrönt worden

Ob Karl die Anbauten gefallen hätten, lässt sich leider nicht mehr klären, aber imposant ist der Dom allemal. Das finden die 1,2 Millionen Touristen, die ihn jedes Jahr besuchen, und das findet auch die UNESCO. Seit 1978 darf sich der Dom Weltkulturerbe nennen – als erstes deutsches Denkmal übrigens. Inzwischen sind 32 hinzugekommen.

Im Dom erinnert vieles an Karl den Großen: sein Schrein, sein Sarkophag, seine Büste, sein Thron. Karl wurde 350 Jahre nach seinem Tod heilig gesprochen, was den Dom zu einer Attraktion für Pilger im Mittelalter machte.

So ganz hat Karls Idee mit Aachen als Zentrum der Welt nicht geklappt. Aber immerhin wurden dort im Dom ganze 600 Jahre lang die römisch-deutschen Könige gekrönt (ab 936). Und weil die meisten Könige zum Zeitpunkt ihrer Krönung bester Laune waren, zeigten sie sich dem Dom gegenüber spendabel: die Schatzkammer war immer gut gefüllt. Heute besitzt der Aachener Dom einen der bedeutendsten Kirchenschätze Europas mit Edelsteinen, Elfenbein und jeder Menge Gold. Die Domschatzkammer kann allerdings nur in Gruppen und nach Voranmeldung besichtigt werden.

Rund um den Aachener Dom ranken sich einige wilde Legenden. So soll der Teufel persönlich den Aachenern beim Dombau mit Geld ausgeholfen haben. Im Gegenzug verlangte er die erste Seele, die den fertigen Dom betre-

Der bronzene Zapfen steht u. a. für die entrissene Seele

ten würde. Als der Dom fertiggestellt war, wollte sich natürlich niemand als erster hineinwagen. Kurzerhand fing man einen Wolf und jagte ihn in das Gebäude. Der Teufel stürzte sich blindlings auf das Tier und riss ihm die Seele heraus. Als er den Betrug bemerkte, stürmte er wütend aus dem Dom und knallte die Tür so heftig zu, dass er sich den Daumen abriss. Mutige können des Teufels Finger noch heute in einem der beiden Löwenköpfe an der Eingangstür erfühlen.

Hier geht's zum Teufelsdaumen

Klosterplatz 2 in 52062 Aachen
www.aachendom.de
Geöffnet: April-Dez.: täglich 7-19 Uhr, Jan.-März: bis 18 Uhr
Führungen durch den Dom dauern 45 Minuten und finden mehrmals täglich statt. An den meisten Feiertagen keine Führungen.
Kosten: EUR 4,-, erm. EUR 3,-
Gruppen bitte anmelden unter Tel.: 0241 / 47709127 oder E-Mail: domfuehrung@dom.bistum-aachen.de

Treffpunkt und Ticketverkauf in der neuen „Dominformation" gegenüber der Schatzkammer.

Domgründer Karl (747-814) hat den Beinamen „der Große" übrigens nicht ausschließlich wegen seiner stattlichen Figur erhalten, sondern weil er nach dem Dafürhalten seiner Zeitgenossen Großes leistete: Er hat Länder erobert und christianisiert und Papst Leo III gegen dessen Widersacher geholfen.

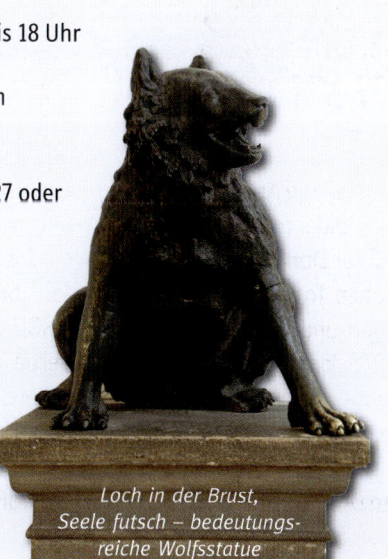

Loch in der Brust, Seele futsch – bedeutungsreiche Wolfsstatue

IX

Ziemlich klein, aber jede Menge Quellen: die Pader ist der kürzeste Fluss Deutschlands

Am kürzesten Fluss Deutschlands wandern

Schnell-Erholung beim Wandern an der Pader

So klein und schon ein Fluss? Ja! Gerade mal vier Kilometer lang ist die Pader, aber bei Flüssen kommt es nicht auf die Länge an, sondern darauf, wie viel Wasser durchfließt. Und mit einer mittleren Wasserführung von vier Kubikmetern pro Sekunde darf sich die Pader auf jeden Fall Fluss nennen.

Viel bekannter als der Fluss selbst, ist die Stadt, die an ihrer Quelle entstanden ist: Paderborn, seit 1974 Großstadt mit inzwischen 145.000 Einwohnern.

Um die Pader zu erwandern, braucht man keine geländetauglichen Wanderschuhe. Der Fluss fließt komplett durch die Stadt. In

Es klappert die Stümpelsche Mühle an der Pader – als letzte von einst fünf Mühlen

der Innenstadt spritzen aus Mauerritzen und -gewölben über 200 Quellen mit ziemlicher Kraft. Damit hat der kürzeste Fluss Deutschlands eines der stärksten Quellenaufkommen. Klein, aber oho! Aus den 200 Quellen werden schnell sechs Bäche und dann ein Fluss – die Pader.

Einer dieser Bäche heißt übrigens nicht zufällig „warme Pader". Die Wassertemperatur beträgt konstant um die 16 Grad. Nicht verwunderlich, dass die „warme Pader" bei den Waschfrauen besonders beliebt war. Die fleißigen Damen kann man hier immer noch

sehen, wenn auch nur noch als Bronzestatuen. Früher hatte die Pader auf ihren vier Kilometern ordentlich was zu tun. An ihr wurde nicht nur gewaschen, sie trieb auch fünf Mühlen an. Heute ist davon nur noch eine in Betrieb, die Stümpelsche Mühle.

Von der Innenstadt geht's Richtung Nordwesten durch den Stadtpark Paderanlage. Kurz darauf kommt der Padersee (ein Stausee) und schwupps ist es dann auch schon wieder vorbei mit der Pader. Sie mündet im 1975 eingemeindeten Stadtteil Schloss Neuhaus in die Lippe.

Hier sind Sie an der Quelle

Informationen zur Pader beim Verkehrsverein Paderborn:
Tourist Information Paderborn – Verkehrsverein Paderborn e.V.
Marienplatz 2a in 33098 Paderborn, Tel.: 05251 / 882980, www.paderborn.de

In der Paderborner Kaiserpfalz traf sich Karl der Große 799 mit dem geflüchteten Papst Leo III. Ihre Abmachung: Im nächsten Jahr krönt der eine (Leo) den anderen zum Kaiser. So geschah es 800 in Rom.

Der Name Paderborn bedeutet übrigens Paderquelle.

Stille Wasser sind tief – unter der Kuppel des Gasometers ganze 13 Meter

Im Gasometer auf Tauchstation gehen

Auch die Polizei taucht in Duisburg unter

Im Sommer gibt es ja bekanntlich auch verregnete Tage – Topgelegenheiten, um mal abzutauchen. Wie praktisch ist es da, dass Europas größtes Indoor-Tauchbecken nicht weit ist. Im Gasometer Duisburg kann sich jeder mal als Taucher testen.

Kaum hat man sich in den engen Anzug hineingezwängt, geht's aufwärts: Man muss von außen die Treppen erklimmen und dann ab ins Wasser. Anfänger bekommen natürlich zuerst einen Schnellkurs auf der ersten Plattform in 1,4 Metern Tiefe verpasst. Vor allem wird die Atemtechnik erklärt. Einige Handzeichen gilt es zu erlernen (alles ok! Abtauchen! Auftauchen!). Fühlt man sich wohl, kann man gemeinsam mit einem Tauchlehrer auf vier Meter runter gehen.

Das Becken ist 13 Meter tief und hat einen Durchmesser von 45 Metern.

Im Licht der Taucherlampe entdeckt der erstaunte Neuling so einiges mehr als nur jede Menge Wasser: ein alter Lieferwagen liegt auf dem Kiesgrund, ein Briefkasten, ein Schiffswrack, ein Schilderbaum und sogar ein Cessna-Propellerflugzeug. Im engen Röhrensystem kann der Taucher ausprobieren, ob er das Zeug zum Höhlentaucher hätte und im künstlichen Riff klappt sogar eine Unterwasser-Unterhaltung. Die Taucherglocke im Riff macht's möglich, das Mundstück einmal abzunehmen und entspannt durchzuschnaufen. Weiter geht es durch einen alten Kombi und eine Schiffsschraube, vorbei an Gartenzwergen und einer WDR-Maus. Denn auch die hat hier tauchen gelernt. Ein riesiger Abenteuerspielplatz unter Wasser.

Falls zwischendurch mal ein Polizist vorbeischwimmt – keine Sorge. Er will keine Strafzettel verteilen, sondern trainieren. Neben Hobbytauchern sind regelmäßig die Feuerwehr, die Polizei, Berufstaucher und

Fast wie auf dem Meeresgrund: Unter Wasser verbirgt sich unter anderem ein Schiffswrack

Von außen ahnt man nichts vom Tauchparadies

auch die GSG9 vor Ort. Im Winter kommen übrigens deutlich weniger Leute zum Tauchen. Kein Wunder, denn das Wasser ist nicht beheizt. Bei vier Grad Wassertemperatur warten vor allem die Hobbytaucher lieber, bis der Frühling kommt. Im bis zu 26 Grad warmen Wasser im Sommer wird es im Tauchanzug dagegen fast schon unangenehm warm.

Im Landschaftspark Duisburg-Nord geht man das ganze Jahr über nicht mehr „unter Tage", sondern im Gasometer des stillgelegten Stahlwerks „unter Wasser". Ein gelungener Strukturwandel – tief im Westen.

Tauchen Sie ab!

Daten Gasometer Duisburg:

- 21 Mio. Liter Süßwasser
- 45 m Durchmesser
- 13 m Wassertiefe
- Plattformen auf 1,4 m, 4 m und 8 m Tiefe

An den Wochenenden bietet das Tauchrevier gegen Voranmeldung Schnupperkurse für jedermann an.

Tauchrevier Gasometer im
Landschaftspark Duisburg-Nord
Emscherstr. 71 in 47137 Duisburg
Tel.: 0203 / 4105353
www.tauchrevier-gasometer.de

Kosten:
Schnuppertauchen EUR 44,-
Abenteuertauchen EUR 99,-
Tageskarte „no limit" EUR 26,-
(Tauchschein erforderlich)
Verleih Komplettausrüstung EUR 38,-

Durch diese Tür geht es ins Nasse

26

Endhaltestelle in St. Tönis, 8 Uhr morgens – hier beginnt WDR 2 Moderator Stefan Vogt die Reise

Die längste Straßen-bahnlinie abfahren

Von St. Tönis bis Witten-Heven an einem Tag

■ 102 Kilometer legt man auf Deutschlands längster zusammenhängender Straßenbahnfahrt am Stück zurück. Quer durch das Ruhrgebiet. Gut vier Stunden sitzt man in der Tram – Umsteigezeiten muss man noch dazurechnen. Da ist man schon einen Tag beschäftigt.

Stefan Vogt von WDR 2 hat die Tour gewagt und sich morgens früh in Tönisvorst bei Kre-feld an die Endhaltestelle der Linie 041 gestellt. Mit den Worten „Entweder ich nehm' jetzt 500-mal Kurzstrecke oder es gibt ein NRW-Ticket" begab er sich an den Fahrkartenautomaten und dann kam auch schon die Bahn.

Wer hier startet, kann mit Straßenbahnen über die Stationen Krefeld, Düsseldorf, Duisburg, Mülheim, Essen, Gelsenkirchen, Bochum bis Witten fahren und dabei jede Menge Ruhrgebiet sehen. Aber auch die Bahnen selbst bieten Abwechslung. An der Starthaltestelle steigt man in ein kleines Straßenbähnchen auf einspurigen Bimmelbahngleisen, das langsam vor sich hinzuckelt. In den größeren Städten sitzt man in komfortableren und schnelleren Bahnen, die Reise ist also auch für Technikinteressierte reizvoll.

WDR 2 Moderator Stefan Vogt durfte sogar eine Ansage machen: „WDR 2 begrüßt Sie an Bord der U 76, nächster Halt ist Krefeld Hauptbahnhof. Und da hinten bitte die Füße vom Sitz nehmen!"

In einigen Zügen der U 76 (Krefeld – Düsseldorf) gibt es übrigens einen Speisewagen („Rheinbahn-Bistro") – unser Reporter hat ihn leider verpasst. Streckenweise darf der Reisende also durchaus Langstreckenkomfort erwarten. Und an der Autobahn A40 verläuft die Bahnstrecke direkt auf dem Mittelstreifen, sodass man als zusätzliches Schmankerl an einem Stau vorbeifahren darf, in dem man selbst nicht steht.

„Füße vom Sitz!" Stefan Vogt am Mikrofon

Die Strecke

▶ Mit der Straßenbahn 041 von Tönisvorst, Wilhelmplatz bis Krefeld, Rheinstraße,
▶ dann U 76 bis Düsseldorf, Heinrich-Heine-Allee.
▶ Mit der U 79 über Kaiserswerth bis Duisburg, König-Heinrich-Platz.
▶ Die Straßenbahn 901 bringt Sie am Duisburger Zoo vorbei bis Mülheim, Stadtmitte.
▶ Ab dort geht die Straßenbahn 104 bis Essen, Abzweig Aktienstraße.
▶ Als nächstes in die Straßenbahn 105 bis zum Essener Hauptbahnhof,
▶ dort mit der Straßenbahn 107 (www.kulturlinie107.de) über Zollverein und Katernberg bis Gelsenkirchen Hauptbahnhof,
▶ von Gelsenkirchen bis Bochum Hauptbahnhof nimmt man die Straßenbahn 302
▶ und zuletzt die Straßenbahn 310 von Bochum nach Witten-Heven.

Kosten für ein Tagesticket in der Preisstufe D:
Einzel EUR 25,40, Gruppen bis zu fünf Personen EUR 35,10
Die Tickets sind in den KundenCentern der Verkehrsbetriebe sowie an den Automaten (an Haltestellen und in vielen Bahnen) erhältlich. Infos unter www.vrr.de

Dagegen wirkt jede fünfstöckige Hochzeitstorte blass: die größte Tropfsteinhöhle Deutschlands

Eine Tropfsteinhöhle im Sauerland begehen

In jedem steckt ein Höhlenforscher

Alles ein purer Zufall! Da wollten die Arbeiter der Kalkwerke in Attendorn einst eigentlich nur ein Stückchen Berg wegsprengen, doch als sich die riesige Staubwolke der Explosion gelegt hatte, sah einer von ihnen zufällig einen Felsspalt: den Eingang zur größten Tropfsteinhöhle Deutsch-lands. Das wussten die Steinbrucharbeiter damals, 1907, natürlich noch nicht, aber dass da vor ihnen etwas Besonderes lag, war sofort klar. Mit Laternen und Seilen bewaffnet krochen sie durch den engen Felsspalt in das unterirdische Höhlensystem und das Abenteuer begann: Die Höhlenforscher fanden steinerne Gardinen, die kunstvoll von der Decke herabhängen, riesengroße Stalagmiten und Stalaktiten in allen Farbschattierungen, seltsame Gebilde und Kristallseen. Zurück am Tageslicht berichteten sie aufgeregt von dem Zauberberg – und so nennen die Attendorner ihre Höhle auch heute noch stolz: „Zauberberg des Sauerlandes". Das kleine Städtchen feierte die Entdeckung drei Tage lang mit einem rauschenden Fest.

Nachdem sich der Kater gelegt hatte, begann man sofort zu forschen und das Höhlensystem für Besucher zugänglich zu machen. Mehr als 50 Millionen Menschen sind in den vergangenen hundert Jahren in den Berg hinabgestiegen, aber die eigentliche Geschichte der Atta-Höhle beginnt etwas früher – vor rund 450 Millionen Jahren. Seitdem lösen sich Kalkwassertropfen von der Decke, fallen nach unten und bilden unendlich langsam die wundersamen Gebilde. Gerade mal einen einzigen Zentimeter wächst ein Stalagmit in hundert Jahren vom Boden in die Höhe. Sein Gegenstück, der an der Decke hängende Stalaktit, lässt sich die gleiche Zeit.

Der Besucher darf für 40 Minuten selbst Höhlenforscher spielen. Eine Taschenlampe braucht er nicht, viele nehmen sie aber trotzdem mit, leuchten in jede dunkle Ritze und überlegen, was die Tropfsteinskulpturen sein könnten: ein Eisbär? Der schiefe Turm von Pisa? Ein grimmiger Zwerg? Die Namen der Grotten, wie die „Wolkenhalle", geben dem Besucher manchen Tipp.

Viel wurde geforscht und ans Tageslicht gebracht, doch die Höhle behält einige Geheimnisse noch immer für sich. Bis heute ist zum Beispiel ein Rätsel, wohin das Wasser der unterirdischen Seen und Flüsschen fließt. Deutlich hört man es hundert Meter unter der Erde gluckern, aber einen Wasserausgang aus dem Berg gibt es nicht. Vielleicht fließt das Wasser ja einfach noch tiefer in ein bis heute unentdecktes Höhlensystem ...

Hereinspaziert in die Grotten der Atta-Höhle

Stalagmiten: keine Zuckerhüte, sondern 450 Millionen Jahre alte Kunstwerke aus Kristallen

Der Zauberberg

Entdeckung der Atta-Höhle: 19. Juli 1907
Gesamtlänge: 6.670 m **Führungsweg:** ca. 1.800 m

Finnentroper Str. 39 in 57439 Attendorn, Tel.: 02722 / 93750, www.atta-hoehle.de
Geöffnet: Hauptsaison (Mai-Aug.) täglich 10-16.30 Uhr (letzter Einlass),
Vor- und Nachsaison meist 11-15.30 Uhr, im Winter montags geschlossen
Eintritt: EUR 7,50, Kinder EUR 4,50

Es gibt im Sauerland noch weitere Tropfsteinhöhlen: Die Heinrichs-Höhle in
Hemer (www.heinrichshoehle.de), die Dechenhöhle in Iserlohn (www.dechenhoehle.de)
und die Reckenhöhle in Balve (www.reckenhoehle.de).
Weitere Höhlen unter www.sauerland.com
(Menüpunkt „Sehenswertes", „Höhlen & Bergwerke")

Alles so schön bunt hier. Auf dem Wochenmarkt gibt's was für Auge, Mund und Ohren

Auf dem Wochenmarkt in Münster einkaufen

Alles was das Herz begehrt – jede Woche

■ Wo fangen wir am Besten an? In der Käse-Straße oder doch lieber bei den Gewürzen? Die Blumen sehen ja toll aus. Wer holt den Salat am Gemüsestand? Wer das Brot?

Der Wochenmarkt in Münster macht einen ganz wuschig. Man möchte am liebsten überall gleichzeitig sein, so lecker riecht es hier, so schön bunt sieht es aus, und dazu noch die tolle Kulisse mit dem Dom im Hintergrund und Cafés rundherum. Wenn dann auch noch die Sonne scheint und es nicht meimelt (münsteranerisch für regnen), ist es der perfekte Start ins Wochenende.

Ein absolutes Muss ist der Besuch an einem der fantastischen Backfischstände. Auch wenn der häufig nicht so verläuft, wie geplant: „Wie, du willst 'ne halbe Portion? Du bist doch selbst so'ne halbe Portion, da kannste 'nen ganzen Backfisch vertragen, oder schmeckt dir mein Fisch nich'?... Na also – hier!" Natürlich muss man auch die ganze Portion bezahlen, aber es lohnt sich jeden Samstag aufs Neue.

Mit über 150 Ständen ist der Markt am Domplatz nicht nur einer der größten, sondern auch einer der schönsten in Deutschland. Hierher pilgern die Münsteraner jeden Mittwoch und Samstag, versorgen sich mit allem, was sie zum täglichen Leben brauchen inklusive Klatsch und Tratsch.

Märkte gibt es in Münster schon seit über tausend Jahren. Ältere Händler können sich daran erinnern, wie noch Mitte des vorigen Jahrhunderts die Marktwagen von Pferden auf den Domplatz gezogen wurden. Oder sie erzählen vom Heiligen Abend, wenn sie selbstgeschlagene Weihnachtsbäume aus dem Teutoburger Wald für eine Mark das Stück verkauft haben.

Viele Bauern haben schon in dritter Generation einen Stand auf dem Markt. Obst, Gemüse, Blumen, Fleisch und Käse – die meisten Produkte kommen aus dem Umland. Vor

Der mächtige St.-Paulus-Dom wacht seit fast 750 Jahren über das geschäftige Treiben auf dem Domplatz

zehn Jahren mussten die Händler viele exotische Obst- und Gemüsesorten zukaufen, die Kunden wollten das so. Heute ist es anders. Ökologischer Anbau und Nachhaltigkeit sind die Schlagwörter. Die Händler freuen sich, dass sie wieder nach alten Gemüsesorten gefragt werden. Und so kommen Oma Kochs „Streppmaut"-Rezepte für Stielmus plötzlich bei kochbegeisterten Studenten auf den Tisch.

Ein paar „Straßen" weiter trifft man auf Jalalledin Eshaghi. Er ist der Liebe wegen aus dem Iran nach Münster gekommen und verkauft mit seiner Frau Dorothea Nuss- und Trockenfrüchte, Herkunft persisch bis westfälisch. Vor einiger Zeit brachte er einen jungen Mann und eine junge Frau an seinem Stand ins Gespräch. Die gingen danach gemeinsam Kaffee trinken, und letzten Sommer präsentierten sie ihm Ehering und Baby. Seitdem darf sich Jalalledin Eshaghi Opa ehrenhalber nennen, worauf er mächtig stolz ist.

Die pfiffigen Markthändler haben sich etwas für die Sommermonate einfallen lassen: Wer noch ein wenig herumschlendern will, aber Angst um seinen frisch gekauften Fisch hat, kann den Einkaufskorb im Taschendepot abgeben. Hier wartet der Fisch dann schön gekühlt, bis der Kaffee ausgetrunken oder das Eis weggeschleckt ist.

Schirm nicht vergessen

„In Münster meimelts oder die Glocken läuten. Wenn beides zusammenkommt, dann ist Sonntag." Das sagen die Münsteraner selbst. Bei einem geplanten Ausflug also unbedingt die Wettervorhersage beachten.

Der Wochenmarkt in Münster findet jeden Mittwoch und Samstag von 7 bis 14.30 Uhr auf dem Domplatz statt.
Tel.: 0251 / 2006333
www.wochenmarkt-muenster.de

Vor drei Jahren wurde er von der Stiftung „Lebendige Stadt" zum zweitschönsten Markt in Europa gekürt (nach Nienburg/Weser). Münster selbst darf sich seit 2004 „lebenswerteste Stadt der Welt" nennen (LivCom Award).

Buchtipp:
„Markt auf dem Domplatz in Münster", Veit Mette und Andrea Arcais, edition al dente, EUR 14,80

„Guten Tag! Mein Mammut und ich heißen Sie herzlich willkommen in der Steinzeit!"

Unseren Ur-ur...-Opi im Neandertal besuchen

Zu Besuch beim Superstar der Eiszeit

WDR 2 Moderatorin Cathrin Brackmann würde gerne einmal in die Steinzeit reisen, hat sie berichtet. Wie gut, dass sie das in NRW ohne viel Aufwand tun kann. Einfach von der A3 in Mettmann abfahren und nach etlichen Kurven ist man dort.

Im Neandertal dreht sich einfach alles um den Urzeitmenschen, der hier vor rund 150 Jahren ausgegraben worden ist. Zum Teil zumindest. Einige Knochen liegen immer noch verborgen. Es kribbelt regelrecht in den Füßen, wenn man durch das Neandertal geht und sich überlegt, was dort unten noch so schlummert. Man kann auch zur angeblichen Fundstelle spazieren, die eindrucksvoll rekonstruiert wurde.

Der Fund des Eiszeitmenschen war 1856 eine Sensation. Der Neandertaler, dessen Alter auf 42.000 Jahre geschätzt wird, wurde der berühmteste Rheinländer weltweit. Das alte hölzerne Museum, das nahe des Fundorts gebaut wurde, löste 1996 ein hochmoderner Bau ab, in dem die Entwicklungsgeschichte unserer Vorfahren sehr anschaulich und aufwendig dargestellt wird. Cathrin Brackmann könnte, wie Tausende von Besuchern, tief in die Lebensumstände von damals eintauchen. Sie könnte den Kopf in einen Höhlenraum stecken, selbst Fossilien ausgraben, Werkzeuge des Neandertalers basteln und sich von ihm seine Jagdgeschichten erzählen lassen.

Weltmeister im Gewichtheben: der Neandertaler

Eigentlich schade, dass es zur Zeit der Neandertaler keine Waschmaschinen gegeben hat. Denn Waschmaschinenweitwurf, das wäre doch eine hervorragende Wettkampfdisziplin – und für unseren Ur-ur...-Opi überhaupt kein Problem. Der Neandertaler war nämlich etwa viermal so stark wie wir heute, ein Superstar aus der Steinzeit.

Streng genommen ist der Neandertaler allerdings gar nicht unser Opi, sondern ein entfernter Verwandter. Vor langer Zeit – zwischen 200.000 und 500.000 Jahren, sagen Forscher – trennten sich die Entwicklungslinien der Menschen. Der Homo sapiens entwickelte sich bis zum heutigen Computerfreak, eine andere Linie brachte den Neandertaler hervor. Der starb vor etwa 30.000 Jahren aus. Bis heute streiten sich die Wissenschaftler darüber, wie viel Neandertaler denn nun doch noch in uns steckt.

Lange Zeit musste er darum kämpfen, von der Wissenschaft überhaupt ernst genommen zu werden. Nichts weiter als ein primitiver und brutaler Höhlenmensch sei er gewesen, kaum mehr als ein Affe. Erst in den letzten Jahrzehnten kam heraus, dass er viel mehr konnte: Er lebte im sozialen Verband, hatte eigene Bräuche und seine Werkzeuge waren genauso kunstvoll wie die unseres Ahnens, dem Homo sapiens. Das alles erfährt man im Neanderthal Museum – natürlich multimedial und auch sehr kindgerecht.

Am Eingang steht zur Begrüßung eine Figur: ein freundlich dreinblickendes Kerlchen mit Schmierbauch stützt sich ganz entspannt auf seinen Speer und lächelt. Den hätte man eigentlich gerne zum Ur-ur...-Opi.

Hier wohnt der Neandertaler

Wirklich eindrucksvoll ist die Architektur des Museums – so gar nicht steinzeitlich. Auf einer spiralförmigen Rampe läuft man im Museum durch die Stockwerke. Altmodisch dagegen die Schreibweise des Museums: Neanderthal mit th

Talstr. 300 in 40822 Mettmann
Tel.: 02104 / 97970, www.neanderthal.de

Geöffnet: Di-So 10-18 Uhr
Eintritt: EUR 8,- , Kinder EUR 4,-,
Sonderausstellungen kosten extra

Tipp: Zehen der Neandertalerfigur im Eingangsbereich zählen!

In Museumsnähe entstand ein Wildpark, in dem rückgezüchtete Eiszeittiere grasen (Wisente, Auerochsen, Tarpane). In der Steinzeitwerkstatt kann man Arbeitstechniken der Neandertaler selber ausprobieren (Anmeldung über das Museum).

Ganz und gar nicht vorsintflutlich: das neue Neanderthal Museum entstand 1996

30

Die Aachener Spezialität gibt es in vielen Formen und Sorten, und auch nicht nur zu Weihnachten

Einmal echte Aachener Printen essen

Die schmecken nicht nur im Advent

Die Geschichte dieses Gebäcks reicht wohl an die tausend Jahre zurück. Als – steinharte – Motivbrote waren sie zunächst eher ein optischer Genuss: Der Teig wurde in Formen gepresst und heraus kamen zum Beispiel Heiligenfiguren. Heutzutage findet man Printen auch im Supermarkt, weicher als damals, oft mit Schokoladenüberzug, aber meist nur in Rechteckform.

Die Rezepte hüten die Aachener Printenbäcker als Berufsgeheimnis. Jede Bäckerei hat ihre eigene Gewürzmischung. Es genügt also gar nicht, „einmal Printen zu essen".

Man muss schon mehrere Quellen ausprobieren! Aber Vorsicht: Auch wenn es sich zunächst weich beißt, lauern im Inneren mancher Printe kleine harte Kandisstückchen oder Nüsse!

„Aachener Printen" ist eine geschützte Herkunftsbezeichnung, wie Lübecker Marzipan, Nürnberger Lebkuchen oder Dresdner Christstollen. Das bedeutet: Wenn sie unter diesem Namen verkauft werden, müssen sie auch aus Aachen oder der näheren Umgebung kommen. Wenn Sie sie selbst backen möchten, dürfen Sie das natürlich überall machen.

Selber backen

Helmut Gote, der WDR 2 Koch, hat uns ein Rezept verraten.

Zutaten für ca. 50 Printen (drei Bleche):

350 g Mehl mit **250 g Rübenkraut, 1 EL Honig, 1/2 TL Salz, 1/2 gestrichenen TL gemahlenem Anis, 1/4 TL gemahlenen Gewürznelken** und **1/4 TL gemahlenem Piment** in der Küchenmaschine gründlich verrühren. **1 Messerspitze Natron** und **5 g Pottasche** in etwas warmem Wasser auflösen und zum Teig gießen. Weiter rühren bis eine kompakte, aber immer noch leicht klebrige Masse entstanden ist.

100 g Orangeat sehr fein hacken (das geht auch mit dem Zauberstab oder einem elektrischen Mixer). Alles gründlich in den Teig einarbeiten, dann den Teig in einer Schüssel im Kühlschrank für 24 Stunden kalt stellen.

Zur Vorbereitung der Plätzchen den Teig halbieren und die erste Hälfte auf einer mit **viel Mehl** bestreuten Arbeitsfläche etwa drei Millimeter dick ausrollen, dann mit einem scharfen Messer rechteckige Printen von zwei mal fünf Zentimetern Größe ausschneiden.

Diese Printen auf ein mit Backpapier ausgelegtes Ofenblech legen, mit **Milch** bestreichen, mit **Mandeln (ca. 100 g)** dekorieren und im vorgeheizten Backofen bei 160 Grad 25 Minuten lang backen. Sie sind dann oben noch weich, können aber gut vom Blech abgehoben werden und auf einem Kuchengitter auskühlen. Sie krachen beim Reinbeißen und sind innen weich. Nach einer Woche in einer luftdichten Dose schmecken sie am besten.

WDR 2 Koch Helmut Gote verrät ein Printenrezept

Führung mit Biss

In Aachen gibt es Stadtführungen, die sich speziell mit den Printen beschäftigen. Mehr Infos unter Tel.: 0241 / 18029-60 (oder -61), www.aachen-tourist.de

31

Bei der festlichen Kaffeetafel kommt Süßes und Herzhaftes auf den Tisch. Immer dabei: die Dröppelmina

Einmal eine bergische Kaffeetafel zelebrieren

Bombig – die vierte Mahlzeit des Tages

„Koffendrenken met allem dröm on dran" nennt man im Bergischen Land den Brauch, sich um eine reich gedeckte Kaffeetafel zu versammeln. Auf den Tisch gehören dabei Waffeln, Milchreis mit Zucker und Zimt, Quark, Butter, Käse, Wurst, eingelegte Sauerkirschen, Weißbrot mit Rosinen und Schwarzbrot. Früher stellte man noch ein Gläschen Korn dazu.

Man beginnt mit einem süß bestrichenen Weißbrot samt Milchreis, danach kommt der Schwarzbrotgang mit Käse oder Wurst. Die Waffeln verteilt man dazwischen. Das Ganze zieht man so lang hin, bis man nicht mehr kann.

Das Kaffeetrinken ist im Bergischen Land kein Brauch, den die Gasthäuser eingeführt haben. Ganz im Gegenteil: Die Wirte waren wenig begeistert, als sich der neue Trend im 18. Jahrhundert in Europa ausbreitete. Am Kaffee verdienten sie weniger als an den alkoholischen Frühschoppen, die die

Menschen vorher bei ihnen eingenommen hatten.

Zufrieden waren dagegen die Pfarrer und die Fabrikanten. Erstere hatten nun die Kirche sonntags voller nüchterner, wacher Schäfchen (die sonst nebenan in der Wirtschaft saßen), Zweitere merkten schnell, dass das neue Modegetränk ihre Arbeiter länger wach und einsatzbereit hielt. So konnten sie die Arbeitszeiten ausweiten. Bei den ärmeren Leuten gab es früher allerdings keinen Bohnenkaffee, sondern Muckefuck, der zum Beispiel aus Hülsenfrüchten, Kastanien oder Zichorien zusammengebraut wurde. Wie Sie Ihren Kaffee aber auch genießen, er muss auf jeden Fall aus einer Dröppelmina kommen. Diese bauchigen Kaffeekannen mit dem kleinen Hahn unten sind der traditionelle Mittelpunkt des Tisches.

Wenn Sie das alles vor sich sehen, dann haben Sie es wirklich mit einer Bergischen Kaffeetafel zu tun – und damit mit einer der gemütlichsten Gelegenheiten, eines der Dinge „abzuhaken", die ein Nordrhein-Westfale in seinem Leben getan haben muss.

So tafeln Sie richtig

Auf der Internetseite www.bergische-gastlichkeit.de gibt es eine Liste von einigen Gaststätten, die eine Bergische Kaffeetafel anbieten.

Ein Rezept für die richtigen Waffeln zum Selbermachen

125 g weiche Margarine oder Butter in einer Rührschüssel geschmeidig rühren. Nach und nach **75 g Zucker**, ein Päckchen **Vanillinzucker** und eine Prise **Salz** hinzufügen und weiterrühren, bis eine gebundene Masse entsteht. **2 Eier** etwa eine halbe Minute lang auf höchster Stufe unterrühren. **250 g Mehl** mit **1/2 gestrichenen EL Backpulver** mischen, sieben und abwechselnd mit etwa **180 ml Buttermilch** kurz auf mittlerer Stufe unterrühren, anschließend **2 EL Honig** dazurühren.

Schalten Sie das Waffeleisen auf mittlere Temperatur und fetten Sie es ein. Den Teig mit Hilfe eines Löffels in nicht zu großen Portionen in das Waffeleisen füllen, goldbraun backen und Waffeln einzeln auf einem Kuchenrost abkühlen lassen. Die Waffeln mit **Puderzucker** bestäuben. Dazu werden traditionell Sauerkirschen, Milchreis und Sahne serviert.

(Rezept: www.zur-schoenen-aussicht-solingen.de)

32

Kraftvoll, wild und schön: so galoppieren die Wildpferde in die Arena im Merfelder Bruch

Beim Wildpferdefang in Dülmen dabei sein

Wo Männer noch echte Cowboys sind

Wilder Westen live in Dülmen: 1.600 Hufe donnern unmittelbar am Zuschauer vorbei. Eine dichte Staubwolke, ohrenbetäubender Lärm – dazu das Gejohle der Treiber. Ist die Herde komplett in der Arena, geht das Spektakel erst richtig los. Verwegene Männer nähern sich den Tieren mit bloßen Händen, suchen die Junghengste heraus, kreisen sie ein und fangen sie schließlich, alles ohne Hilfsmittel. Das geht oft nicht ohne die eine oder andere Schramme, aber die Männer sind die Helden der Arena. Sozusagen wilder Cowboy und Gladiator in einem. Was will man mehr?

Der jährliche Pferdefang ist natürlich kein reines Spektakel für die Zuschauer, sondern wichtig für die letzten 400 Wildpferde in

Europa. Damit die nämlich so friedlich weitergrasen können, müssen die einjährigen Hengste von der Herde getrennt werden. Sie würden sonst Ärger machen, wie überall, wo der Testosteronspiegel die Überhand gewinnt. Also wird die Herde Ende Mai in ihrer Ruhe gestört und zum Schaulaufen in der Arena zusammengetrieben.

Der Rest der Herde wird sofort wieder in die Freiheit entlassen und darf zurück in seine Heidelandschaft. Hier leben die Pferde völlig auf sich selbst gestellt – ohne Sattel, Tierarzt und Mohrrüben. Wildpferde gab es in der Gegend schon immer, wie auch sonst in Europa. Aber zum Glück wollte im einsamen Merfelder Bruch nie-

Mit bloßen Händen fangen kräftige Männer die Junghengste aus der Herde raus

Einmal gefangen verliert der Hengst zwar seine Freiheit, hat meist aber trotzdem als Kutsch- oder Reitpferd ein ziemlich gutes Leben. Er ist robuster als viele seiner gezüchteten Artgenossen, wird so gut wie nie krank und hat verdammt viel Kraft. Deshalb ist er bei den anwesenden Käufern in der Arena auch sehr begehrt und erzielt einen oft beträchtlichen Preis bei der Versteigerung.

mand wohnen, so dass die Tiere, anders als ihre Artgenossen, ungestört weiter herumrennen konnten. Vor rund 160 Jahren beschlossen dann die Herzöge von Croy, denen das Bruchland gehörte, dass das auch schön so bleiben sollte und schufen im Münsterland ein rund 350 Hektar großes Reservat. Und so haben wir in Nordrhein-Westfalen Europas letzte Wildpferdherde.

Hier sieht man die Wildpferde

Wildpferdebahn im Merfelder Bruch bei Dülmen
(Waldstück bei Letterbruch 26 in 48653 Coesfeld)
Tel.: 02594 / 9630, www.wildpferde.de
Termin Wildpferdefang: immer am letzten Samstag im Mai
Eintritt: Stehplätze EUR 6,-, Kinder EUR 3,-; Tribühne EUR 20,-
Aufgrund großer Beliebtheit sind die Tribünenplätze meist schon im Januar ausverkauft.

Die Wildpferdebahn – und damit die Wildpferde – kann man das ganze Jahr über
besuchen. Geöffnet: März-Nov.: Sa/So, Feiertage 10-18 Uhr (nur bei gutem Wetter)
Eintritt: EUR 2,50, Kinder EUR 1,25

Führungen zu den Pferden in freier Natur nach Terminvereinbarung, Tel.: 0170 / 3478005

Wildpferde leben das ganze Jahr über im Freien – auch im Winter

Von idyllisch bis abenteuerlich: die Ruhr per Kanu zu erkunden, ist unvergessliches Erlebnis

33

Eine Kanutour auf der Ruhr machen

Und bloß nicht das Gleichgewicht verlieren

Der Ruhrgebietler an sich mag sein Revier, auch wenn andere Menschen das oft nicht verstehen. Dabei gibt es mit der Ruhr und ihren Seen im Pott wirklich wunderschöne Naherholungsgebiete.

Und Paddeln auf der Ruhr, das ist einfach idyllisch. Wobei man sich nicht täuschen lassen sollte. Vom Ufer aus sehen die Leute in den Kanus, Kajaks und Kanadiern immer wunderbar entspannt aus, aber probiert man es selbst einmal, merkt man: so einfach ist es dann doch nicht.

Immer schön das Gleichgewicht halten, nicht zu viel wackeln und elegant aus der Hüfte heraus schwingen. Dann kann eigentlich nichts schief gehen. Spätestens nach fünf Minuten wird's dann aber schon anstrengend. Paddeln, das ist Rückengymnas-

117

tik pur. Die Eskimorolle (im Kajak) sollte man möglichst nicht auf eigene Faust probieren, sondern unter fachkundiger Leitung lernen. Es ist nämlich nicht sehr angenehm, wenn man kopfunter im Wasser hängt und die zweite Hälfte der Rolle nicht gelingen will.

Für Einsteiger empfiehlt sich ein ruhiger Teil der Ruhr, zum Beispiel von Schwerte zum

rutschen und Wehre geht's. Es gilt Hindernissen auszuweichen und mit der schnellen Strömung klarzukommen.

Auf der Ruhr und ihren Seen kann man natürlich auch segeln, surfen, raften und mit dem Floß fahren. Beim Drachenbootfahren auf dem Baldeneysee kommen Fans alter Gladiatorenfilme auf ihre Kosten: Einer gibt

Die Wehre an den Stauseen sind für Kanuten eine Herausforderung. Manchmal hilft nur Tragen

Hengsteysee. Hier teilt man das Gewässer mit jeder Menge Wasservögeln und hat einen großartigen Blick auf das Kaiser-Wilhelm-Denkmal und die Ruine Hohensyburg.

Wer es sportlich anspruchsvoll mag, der kann den ganzen Tag im Kanu verbringen. Von Fröndenberg bis Schwerte oder von Hattingen nach Dahlhausen ist die Strecke Abenteuer pur: durch Stromschnellen, Boots-

den Takt auf einer Trommel an, einer steuert und bis zu zwanzig andere schuften mit schweißgebadeten Gesichtern. Spannend wird es, wenn sich verschiedene Drachenboote ein Rennen liefern. An die hundert Boote sind dann mit Fähnchen und Farben geschmückt. Ihre Drachenköpfe sehen gefährlich und schön aus, die Fahrer ebenso. Das Riesenspektakel drumherum macht Drachenbootrennen zum echten Event.

„Der will bloß spielen!" – freundliche Bugfigur beim Drachenbootrennen auf dem Baldeneysee

Alle Mann an Bord!

Kanutouren und -Vermietung ...

... in Essen
Tel.: 0201 / 487815, www.kanu-tour-ruhr.de
Einer-Kajak EUR 25,- bis 35,-/Tag, Vierer-Kanu EUR 40,-/Tag
inkl. Einweisung, Karten und Schwimmwesten

... in Bochum
Tel.: 02302 / 2863030, www.ruhr-piraten.com
Neben Bootsverleih werden auch Gruppen-Kanutouren angeboten
(EUR 16,- bis 26,-/Person).

... in Hattingen
Tel.: 02304 / 963521, www.lenne-ruhr-kanu-tour.de
u. a. Schnuppertour So 10-14 Uhr für EUR 12,50/Person

Das **Drachenbootfestival** findet jährlich auf dem Baldeneysee in Essen statt
Tel.: 0201 / 731520, www.drachenboot-essen.de

Will man dem Wasser nicht allzu nah kommen, aber trotzdem die Ruhr genießen,
so empfiehlt sich eine Radtour. Der RuhrtalRadweg führt 230 Kilometer am Fluss
entlang – von der Quelle in Winterberg bis zur Rheinmündung bei Duisburg,
und das fast überwiegend autofrei. Bitte lesen Sie dazu Seite 23.

34

Kunstvoll: Kreisformen bestimmen die Architektur des Landtags NRW am Düsseldorfer Rheinufer

An den Landtags-wahlen teilnehmen

NRW eine Stimme geben und mitmischen

59,3 Prozent Wahlbeteiligung bei der letzten Landtagswahl – da muss doch mehr drin sein, meinen viele WDR 2 Hörer. Sie finden, jeder Nordrhein-Westfale sollte nicht nur einmal in seinem Leben, sondern regelmäßig an Landtags-wahlen teilnehmen. Die einzelnen Bundes-länder dürfen zwar weniger entscheiden als früher, und unsere Politiker sind auch nicht ganz so berühmt wie die auf der großen Bühne in Berlin (wer kennt schon das ge-samte NRW-Kabinett auswendig?). Aber trotzdem haben sie einiges zu sagen und zu entscheiden – bis in unseren Alltag hi-nein. Das merkt man spätestens, wenn man ein Kind in der Schule hat und sich mit jeder Legislaturperiode neu einstellen muss: Kopfnoten oder nicht, bindende Lehrerempf-ehlung oder freie Elternentscheidung für die Wahl der weiterführenden Schule?

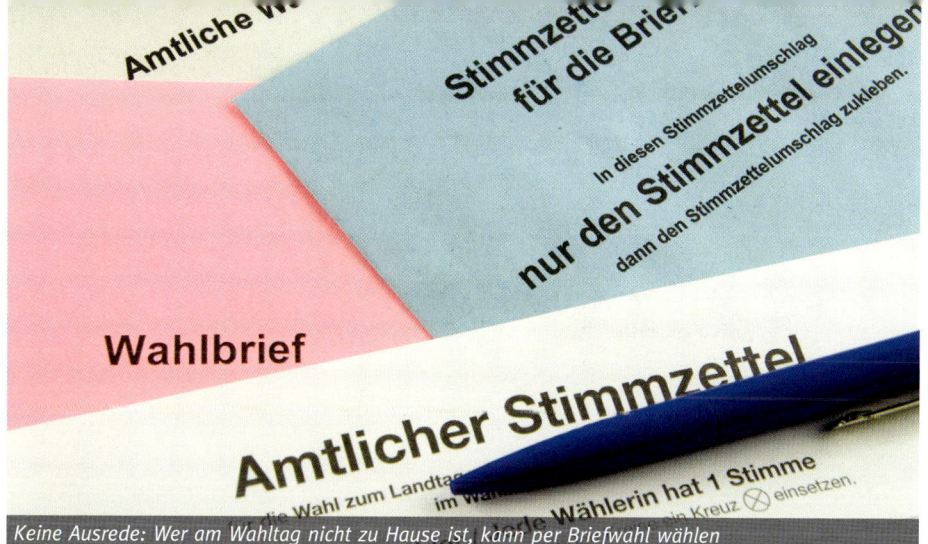

Keine Ausrede: Wer am Wahltag nicht zu Hause ist, kann per Briefwahl wählen

Neben dem Schul- und Bildungswesen entscheidet der Landtag unter anderem auch über die Polizei und legt fest, wer in den einzelnen Gemeinden für was zuständig ist (Gemeindeordnung/Kommunalverfassung).

Aber das ist nicht alles. Egal ob Rau, Clement, Steinbrück, Rüttgers oder Kraft – wen wir zum Chef machen, der hat auch auf der Bundesebene ordentlich was zu sagen. Schließlich sind wir mit rund 18 Millionen Einwohnern das bevölkerungsreichste Bundesland, und bei uns gibt's das größte Ballungsgebiet Europas. Nur in Moskau, Istanbul und London wohnen mehr Menschen auf so wenig Raum wie zwischen Dortmund und Bonn. Andere Länder würden nicht zögern, diesen Raum als eine Mega-City mit knapp 11,8 Millionen Einwohnern zu bezeichnen.

Und noch einen Vorteil haben die Landespolitiker gegenüber denen in Berlin – sie sind näher. Die meisten Nordrhein-Westfalen brauchen kaum mehr als eine Stunde, um nach Düsseldorf zu fahren und den Politikern im Landtag über die Schulter zu schauen.

Ein Blick ins Parlamentsgebäude

Landtag, Platz des Landtags in 40221 Düsseldorf (neben dem Medienhafen)
Geöffnet: April-Nov.: So 11-16 Uhr, Führungen 12, 14 und 15 Uhr

Gruppen über fünf Personen bitte anmelden unter Tel.: 0211 / 8842955

Wer schon mal da ist, kann auch gleich einen Abstecher zum nahe gelegenen Rheinturm machen, siehe Seite 74.

35

Angeblich grundverschieden, dennoch können Rheinländer, Westfalen und Lipper Freunde sein

Freunde aus anderen Landesteilen haben

Was haben sich die Briten nur gedacht?

Rheinländer und Westfalen wurden 1946 gemeinsam mit dem Freistaat Lippe von der britischen Besatzungsmacht in ein Bindestrichland (NR-W) zusammengesteckt, obwohl sie so schrecklich unterschiedlich seien, sagt man. Glückselig plappernd die Einen, bedächtig-schwerblütig die Anderen. Der Rheinländer „kann nichts, traut sich aber alles zu" (Jürgen Becker), die Westfalen, so ein Sprichwort auf der anderen Seite „müssen das halten, was die Rheinländer versprechen".

Darin zeigt sich aber auch, dass die beiden Volksstämme (genauer betrachtet sind es natürlich viel mehr als zwei!) auch wieder nur richtig gut sind, wenn sie zusammenarbeiten. Gegensätze ziehen sich an, Extreme ergänzen sich. Deswegen stellen wahrscheinlich die meisten NRW-Bürger fest, dass sie diesen Punkt der 50er-Liste gar nicht mehr erledigen müssen, weil sie schon Freundschaften über Stammesgrenzen geschlossen haben. (Man könnte vielleicht endlich mal wieder anrufen!)

Map labels:

Regierungsbezirk Münster

Regierungsbezirk Detmold

Regierungsbezirk Düsseldorf

Regierungsbezirk Arnsberg

Regierungsbezirk Köln

Legend:
- Rheinland
- Westfalen
- ehem. Fürstentum Lippe

Hier gibt es keinen Zoll

Die Grenze zwischen Westfalen und dem Rheinland wird nicht durch eine Mauer
oder einen Zaun markiert und ist frei passierbar. Der Landschaftsverband Westfalen-
Lippe hat ausgerechnet, dass die Länge der Grenze 284 Kilometer beträgt. Flächenmäßig
ist Westfalen mit 21.427 Quadratkilometern weitaus größer als der rheinische Landesteil
(12.655 Quadratkilometer), der aus dem Nordabschnitt der ehemaligen preußischen
Rheinprovinz besteht. Bevölkerungsmäßig halten sich beide Teile etwa die Waage:
Knapp 47 % der 17,8 Millionen NRW-Bürger sind Westfalen.

Die linke Seite des NRW-Wappens steht für das Rheinland und
zeigt den Fluss auf grünem Grund. Rechts symbolisiert das
Pferd auf rotem Hintergrund den westfälischen Teil.
Und die Rose am Fuß des NRW-Wappens? Sie steht für den
ehemaligen Freistaat Lippe rund um Detmold, der 1946
in NRW eingegliedert wurde.

36

Da wird ordentlich gebrutzelt: Küchenutensilien in der Küche von Profikoch Jan Möllmann in Dortmund

Pickert, Pfefferpotthast und Sauerbraten essen

Drei Regionen im kulinarischen Vergleich

Die Liebe der Nordrhein-Westfalen zu ihrem Land geht eindeutig durch den Magen. Bei mehr als einem Drittel aller Vorschlagmails an WDR 2 ging es ums Essen. Will der Nordrhein-Westfale sein Land kennenlernen, sollte er am besten in möglichst viele Städte und Dörfer fahren und die Spezialitäten des Ortes kosten. Neben den Nationalgerichten aus den drei Landesteilen: Lippe (Pickert), Westfalen (Pfefferpotthast) und Rheinland (Sauerbraten) trifft er auf schier unzählige Leckereien, wie zum Beispiel das Westfälische Abendmahl (Pumpernickel und Schinken), Himmel un Ääd (Kartoffel-Apfel-Püree mit Blutwurst), Töttchen (Ragout aus Innereien), Armer Ritter (in Ei und Milch gebratenes Weißbrot mit Zucker und Zimt) und Schlabberkappes (Eintopf mit Weißkohl und Fleisch). Wobei jede Region natürlich darauf besteht, dass ihre Spezialität die leckerste ist.

WDR 2 Moderatorin Gudrun Höpker hat sich daran gemacht, in Dortmund mit Profikoch Jan Möllmann die „Nationalgerichte" der drei Landesteile zu kochen, um zu schauen, ob die drei Regionen denn auch geschmacklich zueinander passen. Die Arbeitsteilung im Kochteam war klar gegliedert. Die Moderatorin freute sich über ihre frisch gestärkte weiße Rüschenschürze, während der Koch kochte, brutzelte und backte, was das Zeug hielt.

Und als erstes musste Westfälin Höpker bekennen: Das Gericht aus ihrem Landesteil, den westfälischen Pfefferpotthast, hatte sie bis dato noch nie genossen. Höchste Zeit also, sich an den Herd zu stellen und ein

Gleich geht's los: WDR 2 Moderatorin Gudrun Höpker und Koch Jan Möllmann am Herd

Stück Heimatkunde nachzuholen. Beim Studieren der original Zutatenliste verging ihr allerdings erst einmal der Appetit. Der Potthast wurde nämlich früher aus den Abfällen vom Schlachthof bereitet. Er enthielt einfach alles, was übrig war: Schweineohren, Schweineschwänze und Schweinepfoten. Das Ganze wurde dann drei Tage in Salz gelegt (wohl nicht nur für den Geschmack, sondern auch aus reinigenden Gründen) und dann gekocht. Heutzutage nimmt man für den Potthast meist Rindfleisch. Ganz

Lippischer Pickert

(für 4 Personen)

Das Wort Pickert wird wahrscheinlich vom plattdeutschen Wort pecken (= kleben) hergeleitet.

40 g Hefe in etwas warmer **Milch** vorgehen lassen. **500 g geriebene Kartoffeln**, **1/4 l Milch**, die Hefe, **500 g Mehl**, **Rosinen**, **1 TL Salz** und **5 Eier** zu einem Teig rühren. Eine Stunde gehen lassen. Portionsweise mit viel Fett in der Pfanne braten. Traditionell wird der Pickert mit Rübenkraut, Zwetschgenmus, Kompott oder lippischer Leberwurst serviert.

Westfälischer Pfefferpotthast

(für 4 Personen)

Das Gericht wurde früher aus Resten vom Schlachthof zubereitet.

1 kg kleingeschnittenes Rindfleisch mit **2 geschnittenen Zwiebeln** anbraten und salzen. Dann mit **1 l Brühe** ablöschen, **2 Lorbeerblätter**, **2 Nelken** und viel **Pfeffer** hinzugeben und für 1 1/2 Stunden zugedeckt schmoren lassen.

Nach Belieben mit Bier und Zitronensaft abschmecken und zum Schluss mit **Paniermehl** andicken.

viele Zwiebeln, Brühe, Pfeffer, Nelken, Lorbeer und Paniermehl hinzu und dann einfach friedlich vor sich hinköcheln lassen. Gudrun Höpker war froh, diese Bildungslücke geschlossen zu haben. Der Potthast, fand sie am Ende, mundet wesentlich besser als er aussieht und schmeckt mit roter Bete und Gewürzgurke erst richtig perfekt.

Den Lippischen Pickert wünschte sich die Moderatorin direkt heiß aus der Pfanne, und das war er dann auch – so heiß, dass sie sich erst einmal die Zunge verbrannte. Aber geschmeckt hat's ihr trotzdem. Was der Pickert ist, können eigentlich nur die Menschen in Lippe so richtig sagen. Alle anderen würden ihn wahrscheinlich als Mischung zwischen Reibe- und Pfannkuchen beschreiben. Früher war der Pickert ein Arme-Leute-Essen.

Im Rheinland gehört natürlich der Sauerbraten zu jeder festlichen Gelegenheit auf den Tisch – egal ob Taufe, Geburtstag oder Weihnachten. Er mag es gerne, vorher lange und sauer eingelegt zu werden. Das hat Koch Jan Möllmann gemacht und ihn nun so vorzüglich zubereitet, dass er Gudrun Höpker nur ein Wort entlockte: „Göttlich!" Der schönste Moment war, als der Braten in goldgelbem Gänseschmalz mit Suppengemüse angebraten wurde. Nach dem Schmoren im Ofen, war er dann so butterzart, dass man das Messer beruhigt zur Seite legen und den Braten einfach mit der Gabel in mundgerechte Häppchen teilen konnte.

Jan Möllman hatte hier aber auch alle Kochtricks eingesetzt, um das Rezept zu verfeinern, und mit Lebkuchen, Apfelkraut und Rübenkraut eine perfekte Mischung zwischen säuerlich und süßlich gezaubert. Das Fazit der Moderatorin: Das Drei-Regionen-Allerlei sollte ein Nordrhein-Westfale definitiv mehr als einmal in seinem Leben gegessen haben.

Rheinischer Sauerbraten

(für 4 Personen)

1 kg Rindfleisch sechs Tage lang in eine Marinade aus **1 gehackten Zwiebel**, **einigen Pfefferkörnern**, **2 Piment-Körnern**, **1 Lorbeerblatt**, **Salz, Zucker, 1/4 l Essig** und **3/4 l Wasser** einlegen, täglich wenden. Dann abtrocknen und im Bräter in **Schmalz** von allen Seiten kräftig anbraten, mit **1/8 l der Marinade** ablöschen. Bei schwacher Hitze zugedeckt ca. 1 1/2 Stunden schmoren lassen, zwischendurch wenden und Brühe oder Marinade nachgießen, zum Schluss Soße andicken.

37

Echte Powermaschine: Dieser Koloss hat satte 340 PS unter der Haube

Einen westfälischen Mähdrescher steuern

Man muss allerdings einen Bauern nett fragen

Als Kind durfte Kerstin Hermes bei ihrem Onkel Oswald auf dem Schoß mitfahren, wenn der seinen Mähdrescher über die Felder dirigierte. Inzwischen ist sie Moderatorin bei WDR 2 – und darf selbst fahren. Sie war nämlich die Reporterin, die den Hörervorschlag von Ludger Strotdrees aus Harsewinkel, „Einmal einen westfälischen Mähdrescher steuern", testen sollte. Zahlreiche andere Hörer hatten seinen Tipp in die „50 Dinge"-Liste gewählt.

Wer zum ersten Mal hinter den Hebeln und Knöpfen in der Fahrerkabine sitzt, hat schon Respekt vor der Riesenmaschine. „Ich hab jetzt sieben Stundenkilometer drauf, ich werde aber gleich ein bisschen drosseln ...", verkündete Kerstin Hermes auf die Frage aus dem Studio, wie das Fahren auf den ersten Metern denn so sei. Spaß hat es ihr jedenfalls gemacht und wärmstens empfohlen hat sie das Erlebnis Mähdrescher auch.

WDR 2 Hörer Ludger Strotdrees erklärte Moderatorin Kerstin Hermes seinen besonderen Vorschlag

Schweres Gerät

Der Mähdrescher, den WDR 2 getestet hat, wiegt über 12 Tonnen und hat ein sechs Meter breites Schneidwerk. Unter der Haube sind 339 PS, die das Gerät auf eine Höchstgeschwindigkeit von 30 km/h bringen.

Weitere technische Daten
Motor: Reihensechszylinder mit 8,8 l Hubraum
Nenndrehzahl: 2100 U/Min.
Kraftstofftank: 600 l
Korntank: 8.600 l
Preis: ab ca. EUR 300.000,-

Leider: Eine offizielle Mitfahrzentrale für Mähdrescher gibt es in NRW nicht. Man muss schon einen netten Bauern kennen oder einen kennen, der einen kennt. Und wenn man dann nett fragt, sollte es eigentlich klappen. Und für den äußersten Notfall: Für 149,- Euro können Sie eine Solofahrt auf einem 300-PS-Mähdrescher buchen, inklusive Einweisung. Allerdings nicht in NRW, sondern auf einer ziemlich weit vorgelagerten Insel namens Rügen. Infos unter www.meereslust.de

Im westfälischen Harsewinkel sitzt die Firma Claas, die hier seit 1936 Mähdrescher baut und ein Museum betreibt.

Münsterstr. 33 in 33428 Harsewinkel (fürs Navi: Mühlenwinkel 1), Tel.: 05247 / 120, www.claas.com, Geöffnet: Mo-Fr 9-16 Uhr, Sa 10-13 Uhr, Eintritt frei

38

Warum in die Ferne schweifen? Wintersportgebiete gibt es auch in Nordrhein-Westfalen

Über den Kahlen Asten stapfen

Auf geht es ins Winterwunderland!

Schnee in Nordrhein-Westfalen. Viele Bewohner unseres Bundeslandes kennen dieses Phänomen schon, aber eher als sporadisch auftretendes Wetterereignis, mit dem man vor allem an Heiligabend besser nicht rechnen sollte. Im Ruhrgebiet, in Düsseldorf oder Köln gehen laut Wetterstatistik schon mal zehn Jahre dahin, ehe man mal wieder weiße Weihnachten feiern kann (Ausnahmen wie 2010 bestätigen die Regel).

Im Hochsauerland dagegen, namentlich auf dem Kahlen Asten, melden die Wetterstationen regelmäßig: Ski und Rodel sehr gut! Und während der Schnee unten in den Städten höchstens dafür sorgt, dass der Auto- und Schienenverkehr zusammenbricht, kann man ihn hier oben genießen.

Der Kahle Asten im Nordwesten des Rothaargebirges ist der zweithöchste Berg Nordrhein-Westfalens. Nur noch der Langenberg, der nicht weit entfernt liegt, ist ein bis zwei Meterchen höher. Und der Schnee, der auf dem Asten liegt, scheint auch ganz speziell zu sein: Die Redaktion der WDR-Fernsehsendung „Daheim&Unterwegs" schrieb in einem Porträt: „Auf dem Astenturm kann man den Schnee riechen, bevor er fällt."

Von der 23 Meter hoch gelegenen Plattform des Turms kann man aber auch im Sommer hervorragend ausspähen, wo man hinwandern möchte. Übers Jahr kommen eine Million Besucher auf den Berg. Im Sommer wandern sie die Gegend ab oder setzen sich in den Biergarten. Im Winter wird gewedelt, gerodelt, werden die Langlaufskier gewachst oder es wird im Schnee herumgestapft.

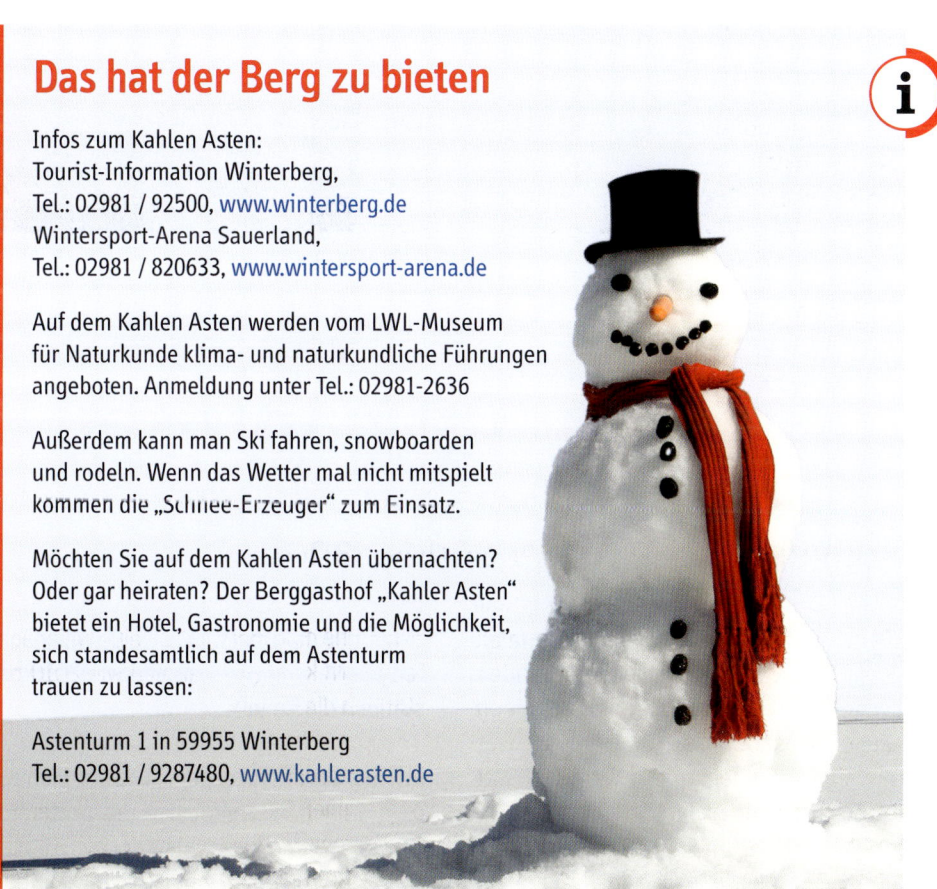

Das hat der Berg zu bieten

Infos zum Kahlen Asten:
Tourist-Information Winterberg,
Tel.: 02981 / 92500, www.winterberg.de
Wintersport-Arena Sauerland,
Tel.: 02981 / 820633, www.wintersport-arena.de

Auf dem Kahlen Asten werden vom LWL-Museum für Naturkunde klima- und naturkundliche Führungen angeboten. Anmeldung unter Tel.: 02981-2636

Außerdem kann man Ski fahren, snowboarden und rodeln. Wenn das Wetter mal nicht mitspielt kommen die „Schnee-Erzeuger" zum Einsatz.

Möchten Sie auf dem Kahlen Asten übernachten? Oder gar heiraten? Der Berggasthof „Kahler Asten" bietet ein Hotel, Gastronomie und die Möglichkeit, sich standesamtlich auf dem Astenturm trauen zu lassen:

Astenturm 1 in 59955 Winterberg
Tel.: 02981 / 9287480, www.kahlerasten.de

39

Man kann zwar über die Außentreppe hochklettern, aber die Fahrt mit dem Aufzug ist spektakulärer

Mit dem Glasaufzug im Gasometer fahren

Ab nach oben – nur fliegen ist schöner

Der gläserne Aufzug ist nichts für Leute mit Höhenangst. Die sollten lieber unten im Gasometer bleiben. Dort können sie jodeln und das Echo testen oder einfach nur staunen.

Denn schon der Eingang zu dem großen Zylinderbau ist eine Überraschung: eine so kleine, unscheinbare Stahltür? Das kann doch nur der Notausgang sein. Also noch einmal nachschauen, ob sich irgendwo ein imposantes Tor mit schillernder Aufschrift finden lässt. Nein!

Man muss die kleine, aber schwere Stahltür ziehen, und die bietet den perfekten Gegensatz zu dem, was sich dahinter öffnet: ein riesengroßer, halbdunkler Raum ohne

Ecken. Einmal hineingetreten kommt man zuerst in den Ausstellungsraum. Zwei Ebenen höher, versteht man dann plötzlich, warum die Oberhausener ihren Gasometer „Kathedrale der Industrie" nennen: mehr als hundert Meter geht der Blick nach oben. Die Decke reicht schier bis zum Himmel und oben in einer Art Rundkuppel sorgen 36 Glasfenster für Licht – gigantisch. In der zweiten Ebene, der „Manege", findet man auch den Panorama-Aufzug. Und mit dem kann man einen großen Teil der hundert Meter gen Himmel in Sekundenschnelle hinter sich bringen. Hineinzusteigen kostet auch Leute ohne Höhenangst Überwindung. Die aber ist schnell vergessen, wenn der Boden immer kleiner wird und die Decke näher rückt, und schwupps ist die Fahrt auch schon zu Ende.

Man hat hier oben nicht nur wieder festen Boden unter den Füßen, man kann auch gleich frische Höhenluft schnappen. Es geht raus, aufs Dach. Noch ein paar Stufen hoch, und dann liegt einem das Ruhrgebiet zu Füßen. Die Halden, die Fördertürme, die flache Landschaft – man kann 30 Kilometer weit sehen. Die Stahlwerke am Rhein genauso wie die Arena auf Schalke. Wer immer noch der Meinung ist, das Ruhrgebiet sei unattraktiv, der sollte unbedingt mal mit dem gläsernen Aufzug hier hochfahren. Da hat er dann die Gelegenheit, sich spontan in den Pott zu verlieben.

Vom Dach des Gasometers überblickt man einen großen Teil des Ruhrgebiets

Hier geht es nach oben

Technische Daten
Bau: 1927-1929
Höhe: 117,5 m
Durchmesser: 67,5 m
Nutzvolumen: 347.000 m³
Stillegung: 1988
Umbau: 1993/1994

Der Gasometer war der größte Gasbehälter Europas. Das Gas wurde von unten in den Innenraum geblasen. Eine Gasdruckscheibe lag obenauf und zeigte an, wie viel Gas gespeichert war. War der Gasometer gefüllt, befand sie sich auf einer Höhe von 95 Metern. In den 1980er Jahren schloss die Kokerei in Oberhausen und Erdgas kam in Mode. Für einen so großen Gasbehälter gab es keinen Bedarf mehr. 1988 war dann endgültig Schluss. Heute ist der Gasometer eine der ungewöhnlichsten Ausstellungs- und Kulturhallen Deutschlands. 2011 werden unter dem Motto „Magische Momente" spektakuläre Naturwunder und außergewöhnliche Werke der Kultur gezeigt. Die ehemalige Gasdruckscheibe ist übrigens immer noch dort. Sie bildet mittlerweile die Decke der ersten Ebene und ist auf 4,20 Meter fixiert.

Gasometer Oberhausen
Arenastr. 11 in 46047 Oberhausen
Tel.: 0208 / 8503730
www.gasometer.de

Geöffnet: Di-So 10-18 Uhr. In den Schulferien auch montags. Im Winter warm anziehen, der Gasometer ist unbeheizt! Alle Informationen – auch zu den wechselnden Ausstellungen – gibt es im Internet.
Eintritt: EUR 8,-, erm. EUR 5,- (Ausstellung inklusive Aufzug)

Schnell hoch hinaus: der gläserne Aufzug

40

Zunge raus: Aber selbst dieser freche Knabe ringt einem Eifelbauern nur ein müdes Lächeln ab

Einen Eifelbauern zum Lachen bringen

Unterwegs im Auftrag des Frohsinns

Der Vorschlag kam von WDR 2 Hörerin Kirsten Boner. Sie wohnt in Hellenthal im Nationalpark Eifel. Und sie hat, seit sie dort hingezogen ist, alles versucht! Eifelbauern sind meist keine Menschen, die zu übermäßiger Geschwätzigkeit oder Heiterkeitsausbrüchen neigen. „Man kann sich das in etwa wie bei den Palastwachen in London vorstellen: Egal, wie man vor ihnen herumhampelt, sie regen sich kaum bis gar nicht", schrieb sie.

Nun könnte man vermuten, das hat damit zu tun, dass die Alteingesessenen vielleicht etwas gegen Zugezogene hätten. Aber das ist nicht so. Die Menschen in der Eifel sind

Tor zur humorfreien Zone? Wer hier Lacher ernten will, muss originell sein

durchaus ein freundlicher, netter Menschenschlag. Jederzeit hilfsbereit und sie sind sogar stolz, wenn Großstädter sich in ihrem wunderbaren Nationalpark wohlfühlen (Tipp: www.nationalpark-eifel.de, Stichwort „Rangertouren"!). Nur das Lachen haben sie nicht erfunden.

Kirsten Boner hat es übrigens schließlich geschafft. Mit Hightech: Eine Powerpoint-Präsentation mit einem kurzen Video, in dem ein Treckerfahrer sich selbst versehentlich mit Sand zuschüttet, war das Zaubermittel. Damit löste sie einen ansteckenden Lachanfall aus. Sollte man also immer einen Laptop dabeihaben, wenn man in die Eifel fährt?

Wie auch immer Sie es probieren – lassen Sie sich nicht entmutigen. Denn auch das hat Kirsten Boner geschrieben: „Wenn man's dann mal geschafft hat, hat man Freunde fürs Leben gefunden."

Darüber kann der Eifelbauer garantiert nicht lachen:

Gespräch unter Bäuerinnen:
„Morgen fahre ich mit meinem Mann in die Stadt, da werden Schweine versteigert!"
„Und was meinst du, was er bringen wird?"

Wolkenbruch – die Landstraße überflutet. Ein Kleinwagen hält an. Der Fahrer fragt einen Bauern, ob er denn da durchkäme. „Klar", antwortete der Bauer. Das Auto rollt los und versinkt. „Sie haben doch behauptet, das Wasser sei nicht tief!", brüllt der Autofahrer den Bauern an. „Komisch", wundert sich der, „meinen Enten reichte es gerade mal bis zur Brust!"

41

Und das muss man gesehen haben? Klar, denn hier in Isenbruch ist der westlichste Punkt Deutschlands

Am westlichsten Punkt Deutschlands stehen

Der Selfkant gehört zum „Zipfelbund"

Der Selfkant ist ein kleiner Zipfel Deutschland, der in die Niederlande hineinragt, westlich von Heinsberg. 16 Ortsteile mit rund 10.000 Einwohnern haben sich zur Gemeinde Selfkant zusammengeschlossen, einer davon ist Isenbruch. Und dort steht der westlichste deutsche Grenzstein zu den Niederlanden. Natürlich merkt man es kaum, wenn man die Grenze überquert. Höchstens daran, dass jenseits des Schilds keine Gardinen mehr in den Fenstern hängen. Die Landschaft aber ist gleich: satte, grüne Wiesen mit Kühen und kleine Dörfer. Nach dem Zweiten Weltkrieg war „Zelfkant" niederländisch besetzt, fiel aber 1963 wieder an Deutschland.

Ein touristisches Highlight gibt es im Sommer an den Wochenenden: Die Selfkantbahn verkehrt zwischen den Orten Schierwaldenrath und Gillrath und zurück. Eine ganze Flotte von Dampf- und historischen Dieselloks ziehen Züge mit Ausflüglern durch den Selfkant.

Selfkant zählt übrigens zum „Zipfelbund". Unter dem Namen haben sich 1999 die vier äußersten Zipfelorte Deutschlands zusammengefunden: Neben Selfkant im Westen sind es List auf Sylt im Norden, Görlitz im Osten und Oberstdorf im Süden. Die Zipfel dürfen sich als 17. Bundesland jedes Jahr auf der Ländermeile beim Tag der Deutschen Einheit präsentieren. Der Zipfelbund hat sogar einen eigenen Pass entwickelt. An jedem

Zipfel bekommt man einen Stempel. Bereist man mit dem Zipfelpass innerhalb von vier Jahren alle vier Stationen, bekommt man ein typisches Geschenk aus jedem der Orte.

Genau auf der Grenze: die Infotafel

Der Selfkant-Zipfel

Hier steht das westlichste Haus der Bundesrepublik Deutschland:
Haus Groevenkamp am Ende der Kreisstr. K1 in 52538 Selfkant-Isenbruch

Infos über Selfkant gibt es auf www.selfkant.de oder www.der-selfkant.de
Die Gegend mit ihren schönen Wäldern und Bachläufen ist
ein Paradies für Radler und Wanderer.

Die Selfkantbahn fährt planmäßig an allen Sonn- und Feiertagen im Sommer und an speziellen Terminen, www.selfkantbahn.de.
Bahnhof Schierwaldenrath: Am Bahnhof 13 a in 52538 Gangelt
Bahnhof Gillrath: Bergstr. 1 in 52511 Geilenkirchen
Tel.: 02454 / 6699 (Bhf Gangelt)
Kosten: EUR 4,- (einfache Fahrt), EUR 6,- (hin und zurück),
EUR 11,50 (Tageskarte), Kinder die Hälfte

42

Imposant: Die wannenähnliche Brücke führt den Mittellandkanal über die Weser

Über das Wasser-straßenkreuz schippern

In Minden fließt die Weser 13 Meter tiefer

Bereits 1906 wurde der erste Spatenstich an Deutschlands längstem Kanalprojekt (325 Kilometer) gesetzt. Der Mittellandkanal beginnt am Dortmund-Ems-Kanal und führt bis zur Elbe bei Magdeburg. Er ist so etwas wie eine Autobahn für Schiffe: Vom Münsterland bis Hannover haben die Frachter über 200 Kilometer freie Fahrt ohne Schleusen. Nur bei Minden muss der Kanal ein natürliches Hindernis überwinden, die Weser. Die liegt 13 Meter tiefer. Daher baute man vor knapp hundert Jahren eine Trogbrücke über die Weser, in der das Kanalwasser mitsamt Schiffen quer über den Fluss geleitet wird.

Weil die alte Brücke für moderne Binnenfrachter zu flach war, hat man in den 1990er Jahren eine zweite Brücke danebengebaut. Bei der Gelegenheit wurden auch die Schleu-

1914 eingeweiht: die Schachtschleuse Minden

macht, ein unvergesslich eindrucksvolles Erlebnis. Zumal wenn man bedenkt, dass die älteste Schleuse in Minden in Kürze ihr 100-jähriges Jubiläum als technisches Wunderwerk feiern kann.

Durch das Wasserstraßenkreuz ist die einstige Kleinstadt Minden zu einem Dreh- und Angelpunkt der mitteleuropäischen Schifffahrt geworden. Frachten aus dem Rheinland oder dem Ruhrgebiet können problemlos vom Kanal über die Weser zum Überseehafen in Bremen geschippert werden – und umgekehrt. Natürlich wird das Wasserstraßenkreuz auch von Seglern und Besitzern privater Motorboote genutzt. Für sie ist die ältere, kleinere Brücke vorgesehen Und die Mindener Fahrgastschifffahrt schippert Gäste täglich über Weser und Mittellandkanal – Schleusenfahrten inbegriffen.

sen vergrößert. Sie sind notwendig, damit die Schiffe nicht nur die Weser überqueren, sondern auch vom Kanal in den Fluss wechseln können. Die Schiffe fahren dazu in eine Riesenkammer, die Tore werden geschlossen und mit dem ein- oder abgepumpten Wasser sinken bzw. steigen die Schiffe auf die andere Wasserebene. In diesem Fall bedeutet das stolze 13 Meter Höhenunterschied. Eine solche Schleusenfahrt ist für jeden, der es nicht aus beruflichen Gründen ständig

Hier geht es zur Wasserautobahn

Das Mindener Wasserstraßenkreuz kann man mit Motor-, Segel- aber auch Ruderbooten passieren. Bitte informieren Sie sich vor Ort über mögliche Beschränkungen oder Sicherheitshinweise.

Informationszentrum an der Schachtschleuse Minden: Sympherstr. 12 in 32425 Minden Dort gibt es interessante Modelle und Informationen über die Geschichte des Wasserstraßenkreuzes.
Geöffnet: April-Okt.: Mo-Sa 9-17 Uhr, So, Feiertage bis 18 Uhr
Eintritt: EUR 1,50, Kinder EUR 0,80

Und falls Sie wider Erwarten keine eigene Yacht besitzen, und auch keine Jolle:
Die Mindener Fahrgastschifffahrt bietet verschiedene Kanalrundfahrten an.
Zum Beispiel eine Tour über Kanal und Weser, Dauer 105 Minuten.
Ab Anleger Minden/Schachtschleuse, EUR 10,- Kinder EUR 5,-

Termine, Preise und Sonderfahrten unter
Tel.: 0571 / 6480800, www.mifa.com

Selbst ist die Frau: Ein eigenhändig gefällter Baum strahlt Weihnachten besonders schön

43

Einen Weihnachtsbaum im Sauerland schlagen

Auf der Suche nach der perfekten Tanne

Vor den Eingängen der Supermärkte stehen die Armseligsten: Für zwanzig, dreißig Euro angebotene Tannengerippe, die wahrscheinlich schon eine sehr weite Reise hinter sich haben. Vor allem in den letzten Tagen vor Weihnachten ist es bei vielen Menschen eher adventliches Mitleid, das hier zum Kauf animiert, als die Aussicht auf einen prächtigen Baum im heimischen Wohnzimmer.

Besser ist da meist die Auswahl bei den Baum-Spezialisten, die nur wenige Wochen lang kleine Plätze einzäunen und dort ihre Ware anbieten. Aber auch hier muss man den Verkäufern einfach glauben, wenn sie erklären, der Baum sei gestern im Nachbardorf gefällt – und nicht per LKW aus einer russischen oder skandinavischen Plantage hergekarrt worden. Je nach Statistik kommt bis zu einem Viertel unserer Weihnachtsbäume aus dem Ausland, alljährlich geistern außerdem noch Meldungen über Pestizidrückstände durch die Medien.

Vor allem Familien machen sich darum in der Adventszeit gerne auf, um den Baum selbst zu schlagen. Die Vorteile liegen auf der Hand: Man weiß ganz genau, wo das Bäumchen herstammt. Man kann vergleichen, und zwar in Ruhe. Und man sieht den ganzen Baum, nicht nur eine bereits in ein Netz verpackte grüne Wurst. Nebenbei hilft es dem Ökogewissen, wenn man die Schafe sieht, die neben der Plantage stehen und offenbar im Sommer – statt Spritzmitteln – gegen Gras und Unkraut vorgehen.

Es gibt natürlich auch Nachteile: Zunächst mal bietet so ein Feld voller Tännchen weite Wege, so dass die familiären Diskussionen über den besten Kauf sich lange hinziehen können. Dann muss einer mit der Säge arbeiten, und zwar in einer Gefahrenzone zwischen piksigen Tannennadeln und morastigem Forstboden. Und zuletzt will der neue Freund der Familie auch irgendwie mit nach Hause kommen! Wohl dem, der einen Anhänger hat. Ansonsten stehen nur die Optionen „aufs Dach" oder „irgendwie innen rein" zur Verfügung.

Viele Anbieter im Sauerland haben sich auf die Selbst-Schläger eingestellt und bieten neben vernünftigem Werkzeug und zünftigem Glühwein auch freundliche Beratung und allerlei Accessoires fürs Fest an.

Die nächsten Adressen holt man sich am besten – samt Öffnungszeiten – aus dem Internet. Tipps gibt der Infokasten unten.

Ein prachtvolles Exemplar ergattert

Sauerland – Weihnachtsbaum-Region Nr. 1

Jeder dritte Baum in deutschen Wohnzimmern kommt aus dem Sauerland. Kein Wunder, dass Gäste vor allem nach Bestwig, Lennestadt und Co. kommen, um ihren Baum selbst zu schlagen. Über die Hälfte unserer Weihnachtsbäume sind inzwischen Nordmanntannen. Sie haben weichere Nadeln als die Blaufichten, die vorher als klassischer Weihnachtsbaum dienten. Weil die Blaufichten aber günstiger sind, haben auch sie noch einen hohen Marktanteil. Außerdem gibt es noch die sogenannten Edeltannen und die einfachen Fichten.

Tipp: Ein Standort möglichst weit weg von der Heizung und tägliches Wassernachfüllen helfen, dass der Baum lange hält.

Wo man selbst fällen kann, erfährt man zum Beispiel hier:
www.weihnachtsbaumerlebnis.de oder www.sauerland.com

„Auf unsrer Wiese stehet was": rosa Flamingos im Zwillbrocker Venn

44

Den Flamingos beim Brüten zusehen

In Vreden ist Pink jedes Jahr die Modefarbe

Das Zwillbrocker Venn trägt Rosa. Jedes Jahr im Frühjahr ist es das gleiche Spektakel. Erst kommen nur ein paar, aber spätestens Ende April stehen rund 50 große, rosa Vögel auf einem Bein im Venn. Die Flamingos sind aus ihren Winterquartieren zurück! Hier balzen sie, paaren sich, bauen ihre Nester, ziehen ihre Jungen auf. Im Herbst ist es dann wieder vorbei mit der rosa Pracht.

Vor 30 Jahren stießen ein paar Flamingos auf der Suche nach einem geeigneten Wohnort für die Familie auf den 35 Hektar großen See im Venn. Den fanden sie ideal. Schön flach, schön moorig mit einer Insel mittendrin für die Nester. Schnell sprach sich in der Vogelwelt herum, dass das Venn bei Vreden ein besonders romantischer Ort für die Balz ist, und immer mehr Flamingos kamen in das ehemalige Moorgebiet im westlichen Münsterland. Mittlerweile sogar schon in der zweiten oder in der dritten Generation.

Die Vögel sind ein wahres Musterbeispiel für gelungene Integration. Drei Arten leben hier miteinander – vollkommen friedlich. Es gibt den Karibischen, den Chile-Flamingo und den

Großen Flamingo. Man teilt sich Nistplatz, Futter und manchmal sogar den Partner.

Flamingos mögen es eigentlich gerne warm, aber dank ihrer „Ein-Bein-Technik" haben sie auch bei uns in Nordrhein-Westfalen keine Probleme mit kaltem Wasser. Das hochgezogene Bein wird unter dem Feder-kleid gewärmt, und wenn es dem im Wasser stehenden Bein zu ungemütlich ist, wird halt gewechselt. So weit nördlich hatte man mit den rosa Vögeln trotzdem nicht gerechnet und ist sehr stolz auf Europas nördlichste Flamingokolonie. Sie wurde schnell zum Markenzeichen der Region – es folgten Plüschflamingos, Flamingo-T-Shirts und Fla-mingotassen. Es gibt eine 80 Kilometer lange Flamingoroute für Fahrradfahrer und Flamingowanderwege. Am meisten „Rosa" sieht man auf der Besucherkanzel – direkt gegenüber der Brutkolonie.

Im braunen Tarndress: junge Flamingos

Besonders spannend ist der Besuch Ende April. Dann ist nämlich Balzzeit bei den Fla-mingos. Und das tun die Flamingos nicht einzeln, sondern in Gruppen. Man muss sich das ein wenig wie bei der rhythmischen Sportgymnastik vorstellen. Zwischen fünf und 15 paarungswillige Flamingos tanzen und balzen synchron, was das Zeug hält.

Hier wird's pink

Bitte das Zwillbrocker Venn nicht mit dem Hohen Venn in der Eifel verwechseln. Zwillbrock ist ein Kirchdorf an der niederländischen Grenze und gehört zu Vreden.

Infos zu den Flamingos liefert die biologische Station Zwillbrock: Tel.: 02564 / 98600, www.bszwillbrock.de (Menüpunkte „Flamingos" und „Tourismus")

Auch wenn es schwer zu glauben ist, ihre rosa Federn erhalten die Vögel tatsächlich durch ihre Leibspeise, kleine Krebstiere, die es auch im Venn gibt. Sie enthalten viel Carotinoide, welche das Gefieder rosa färben. Bei den ersten Zoo-Flamingos wusste man das noch nicht und war entsetzt, dass die schönen Vögel binnen kürzester Zeit zwar munter blieben aber weiß-grau wurden. Mit Carotin-Tabletten konnte der kosmetische Mangel dann schnell wieder beseitigt werden.

Für einen Nachbarschaftsbesuch müssen die Zwillbrocker Flamingos übrigens weit fliegen. Die nächste Kolonie ist in Südfrankreich.

45

Nur eine Stahltür trennt WDR 2 Moderatorin Heike Knispel vom geheimen Tunnel unterm Rhein

Einmal unter dem Rhein spazieren gehen

Geheimtipp: von Köln-Deutz zum Musical Dome

WDR 2 Hörerin Michaela Keppert hatte es vorgeschlagen – und unsere Moderatorin Heike Knispel hat es ausprobiert: unter dem Rhein spazieren zu gehen. Dazu brauchte sie keinen Taucheranzug, das geht auch im Trockenen. Die Firma Rheinenergie betreibt einen begehbaren Tunnel für ihre Fernwärmerohre, der von Köln-Deutz in Richtung Musical Dome

verläuft. Am Ufer, nahe der alten Messe, steht eine Art kleiner Betonbunker mit einer dicken Stahltür, von dort aus geht es nach unten: sechs Meter unter die Sohle des Rheins!

Für Menschen, die ein wenig klaustrophobisch veranlagt sind (wie unsere Moderatorin), ist so eine Tunnelbegehung zunächst mal nicht besonders verlockend. Aber es ist – wie in Köln üblich – noch immer alles gut gegangen, denn die Röhre ist überraschend geräumig, hell und vor allem stabil. Drei Meter Durchmesser hat der Wanderweg, und man ist durch satte 30 Zentimeter Stahlbeton abgeschirmt von dem kalten Fluss, der vier bis sechs Meter oberhalb dahinfließt.

Genau in der Mitte des Ganges hängt ein Schild mit der Mitteilung, dass an dieser Stelle ein Gewicht von 177.000 Kilogramm auf dem Tunnel lastet. Heike Knispel dazu: „Ja, das macht aber Mut hier … und es hält immer noch … was knackt hier eigentlich so?" Es waren dann aber nur die Rohre.

Überraschend hell da unten

Mit etwas Glück fährt ein Schiff über einen hinweg, wenn man in der Mitte angelangt ist. Dann hört man die Schraubengeräusche. Bei Heike Knispels Begehung mit Mikrofon war gerade kein Schiff in der Nähe – zu ihrer Enttäuschung. Ebenfalls ein bisschen enttäuscht war die Moderatorin über die Temperaturen da unten: Neben einem Fernwärmerohr herzulaufen, hatte sie sich vorgestellt, müsste „muckelig warm sein". Fehlanzeige: Die Wärme soll im Rohr bleiben und bei den Kunden heizen, nicht im Tunnel, deswegen sind die Leitungen gut isoliert. Eine warme Jacke ist für die Wanderung also angesagt. Dafür braucht man nicht unbedingt Wanderschuhe: Der Weg ist eben, man läuft über Gitterplatten (auf Stöckelschuhe sollte man dann aber lieber doch verzichten).

Als Heike Knispel am Musical Dome, also auf der linken Rheinseite, angelangt war, sah man ihr die Erleichterung an. Da das WDR-

Geschafft … wieder über Tage

Funkhaus hier gleich um die Ecke ist, hatte sie eine gute Ausrede, nicht unterirdisch nach Deutz, zum Ausgangspunkt des Spaziergangs, zurückmarschieren zu müssen. Aber schön war's trotzdem. Und eigentlich muss man auch nicht besonders mutig sein!

Seit über 25 Jahren gibt es den Tunnel, und es ist noch nie ein Tropfen Rheinwasser eingesickert. Außer ein Mal: Beim Rheinhochwasser 1993 wurde es nass da unten. Aber das lag nicht an undichtem Beton, sondern daran, dass der Pegel über das Niveau der Eingangstüren stieg.

„Unter dem Rhein spazieren gehen" ist also eine Sache, die auch ängstliche Nordrhein-Westfalen unbedingt in ihrem Leben getan haben sollten.

Tunnelblick

Länge der Tunnelröhre: 461 m
Außendurchmesser: 3,60 m
Innendurchmesser: 3 m
Wanddicke: 30 cm
Material: Stahlbeton B 45
Lage: Rheinkilometer 688,6 –
4-6 m unter der Rheinsohle

Der Eingang ist am Rheinufer in Köln-Deutz. Führungen bietet die Rheinenergie für Gruppen ab 15 Leuten an. Einzelpersonen können sich anschließen.

Terminabsprachen:
Tel. 0221/178-4660 oder -3095
betriebsbesichtigung@rheinenergie.com

Am Horizont der blaue Musical Dome. Dort endet der Spaziergang unterm Rhein

Das gepflegte Grün vorm „Weißen Haus von Bonn" – betreten fast erlaubt

46

Barfuß über den Präsidentenrasen laufen

„Göttliches Grün" vorm Weißen Haus von Bonn

Die Villa Hammerschmidt wurde um 1860 erbaut, zunächst nicht als Präsidentensitz, sondern als Villa für den Bonner Kaufmann Albrecht Troost. Danach gehörte sie dem Zuckerfabrikanten Leopold Koenig, der sie 1899 für 700.000 Goldmark an den Kunstsammler Rudolf Hammerschmidt verkaufte. Von seinen Erben übernahm 1950 die Bundesrepublik das Haus und den Namen, um es zum Amtssitz des Bundespräsidenten zu machen.

Seit der damalige Bundespräsident Roman Herzog 1994 nach Berlin umzog, ist das dortige Schloss Bellevue erster Amtssitz geworden, aber das „Weiße Haus von Bonn" ist nach wie vor der offizielle zweite Amtssitz des jeweiligen Präsidenten. Das ist auch der Grund, warum es nicht so einfach ist, barfuß über den Präsidentenrasen zu laufen. Der Bundespräsident darf es natürlich, der normale Bürger muss sich dazu anmelden. Aus Sicherheitsgründen wird die Personalausweisnummer abgefragt, bevor man zu einer Villenführung zugelassen wird. Dann allerdings, sagt lachend die Dame bei der Bonn-Information, könne man bestimmt auch ein paar Barfußschritte über den Rasen machen.

Weitere Gelegenheiten sind Tage der Offenen Tür, die zu besonderen Anlässen stattfinden, beispielsweise der Tag des Offenen Denkmals. Den hat WDR 2 Hörerin Heike van den Bergh auch genutzt, um sich die Villa anzuschauen. Dabei ist ihr der flauschige Rasen aufgefallen („wie so ein dicker Perserteppich"), schnell waren die Sandalen abgestreift und ein paar Schritte getan: „Göttlich!"

Für WDR 2 hat dann Moderator Tom Hegermann den Test gemacht, allerdings an ei-

nem regnerischen Herbsttag. „Oooh! Ist das kalt!", stöhnte der Reporter, war aber am Ende doch versöhnt, denn schön gepflegt ist dieser Rasen auf jeden Fall. „Kein Löwenzahn, kein Moos und keine Disteln."

Der Tag des Offenen Denkmals findet übrigens immer im September statt.

Mit oder ohne Schuhe

Villa Hammerschmidt,
Adenauerallee 135 in 53113 Bonn
Führungen buchbar bei
Bonn-Information,
Tel.: 0228 / 775000,
www.bonn.de (Menüpunkt
„Tourismus & ...", „Parks und Gärten")

Hier finden Sie alle Infos und Termine der (übrigens europaweiten) Veranstaltungsreihe:
www.tag-des-offenen-denkmals.de

Tom Hegermann, WDR 2 Barfußreporter

Der Adler an der Villa Hammerschmidt

47

Rauf aufs Eis. Der Aasee ist auch zugefroren ein super Naherholungsgebiet

Auf dem Aasee Schlittschuh laufen

Auf Kufen statt im Tretboot über den See

Ist der Aasee einmal komplett zugefroren, greifen die Münsteraner die Gelegenheit schnell beim Schopfe und ziehen ihre Schlittschuhe an. So häufig passiert es nämlich gar nicht, dass der große See mitten in der Stadt eine dicke Eisfläche hat. Offiziell ist der Aasee auch dann nicht zum Schlittschuhlaufen freigegeben, aber das schreckt kaum jemanden ab. Eislaufen auf ihrem See, das wird zum Happening. Hier trifft man Alt und Jung; es gibt plötzlich Glühwein und Musik am Rand, und die Münsteraner Jungs und Mädels rutschen, schlittern und laufen übers Eis, was das Zeug hält. Denn sie wissen: lange hält das Vergnügen meist nicht. Der Winter muss besonders streng sein, in der Regel kann man etwa alle zehn Jahre aufs Eis.

Im Winter 2009 war die Eisdecke wieder mehr als 18 Zentimeter dick, sodass Eislaufen Münsters Sportart Nummer eins wurde. Hunderte von Läufern und Spaziergängern waren täglich auf dem See. Für die Sportlichen galt es, die gesamten 40 Hektar abzufahren. Da musste man gut bei Puste sein.

Kinder rutschten auf dem Hosenboden und hatten innerhalb kürzester Zeit eine prima Schlitterstrecke fabriziert.

Besonders beliebt bei Studenten: das Grillen auf dem Eis. Schnell den Tanke-Grill vom letzten Sommer aus dem Keller geholt, die Gitarre und ein paar Würstchen unter den Arm geklemmt und dann ab auf die Mitte des Sees. Die Winter-Grill-Feiern waren allerdings wesentlich schneller zu Ende als die im Sommer. Egal wie wärmend die Kohle auf dem Grill oder die gesungenen Lieder auch sein mochten, nach spätestens zwei Stunden waren die Füße taub vor Kälte.

In den Wintern 2010 und 2011 war der Aasee zwar auch zugefroren, aber die Eisdecke lange nicht so dick. Es knackte und knirschte bedrohlich. Trotzdem wagten sich einige Wenige aufs Eis. Segelschulbesitzer Peter Overschmidt traute eines Morgens seinen Augen kaum: Da war in der letzten Nacht doch tatsächlich einer mit Langlaufskiern auf den See gewesen und hatte eine Spur in Form eines riesigen Herzens zurückgelassen. „Ziemlich romantisch, aber auch verdammt gefährlich!"

Ist die Eisdecke einmal geschmolzen, warten die Münsteraner sehnsüchtig auf warmes Wetter. Dann verbringen sie nämlich wieder ganze Tage an und auf ihrem Aasee. Mit dem Schiff zum Allwetterzoo, im Café ausruhen, Tretboot oder Segelboot fahren oder einfach im Gras herumliegen und aufs Wasser schauen.

Der Aasee ist immer ein wenig wie Urlaub – egal ob Sommer oder Winter.

Münsters See

Der Aasee ist 40 Hektar groß und von einem sechs Kilometer langen Uferweg sowie einer Parklandschaft umgeben. In den 1920er und 1930er Jahren ist er aus dem kleinen Flüsschen Aa aufgestaut worden.

Weitere Infos unter Tel.: 0251 / 4922710,
www.tourismus.muenster.de
(Menüpunkt „Münster ist sehenswert")

Petra und ihre große Liebe

Für viel Wirbel sorgte die schwarze Schwanendame Petra. 2006 fand sie auf dem Aasee ihre große Liebe: ein Plastiktretboot in Schwanenform. Sie wich ihrem Partner zwei Jahre lange nicht von der Seite und wachte eifersüchtig über ihn. Irgendwann erkannte sie aber, dass ihre Liebe wohl auf immer und ewig unerwidert bleiben würde und flog mit gebrochenem Herzen und unbekanntem Ziel davon. Ihr Schwarm, das Schwanentretboot, vermietet sich weiterhin stundenweise am Bootsverleih.

Mehr zum Freizeitangebot unter www.aaseepark.de

48

Musik am „Kölnisch Wasser": trotz gewöhnungsbedürftigem Duft und Moder sehr beliebt

Musik in der Kölner Kanalisation erleben

Ganz feierlich unterm Kronleuchter

Als in Köln vor 120 Jahren das unterirdische Regenüberlaufbauwerk fertig wurde, waren die Bauherren richtig stolz. Hier flossen alle Abwässer aus den Häusern entlang der Innenstadtringe zusammen, um dann nach Norden weitergeleitet zu werden. Bei starkem Regen konnte das Wasser aber über einen eigenen Überlaufkanal direkt in den Rhein abgeleitet werden, um die Kanalisation nicht zu überlasten.

Was an dem Bauwerk ungewöhnlich wirkte: Es war für einen Abwasserkanal sehr geräumig und besonders hübsch verklinkert und mit kleinen Bögen ausgeschmückt. Außerdem hing an der Decke ein großer Kronleuchter mit Kerzen. Und das war nun vollends einmalig.

Der Grund war, dass der Kaiser (Wilhelm Zwo) gerade in Köln war, als die Einweihung stattfand. Man hatte ihn eingeladen, sich die Kanalisation anzuschauen. Leider war er aber komplett damit beschäftigt, Soldaten zu inspizieren. So blieb der Kronleuchter ungenutzt.

Was den Kaiser nicht so sehr interessierte, zieht aber heute viele Besucher an. Wie das Abwassermanagement in so einer großen Stadt funktioniert, wollen sie wissen, und was es mit dem sagenumwobenen Kronleuchter auf sich hat. Von Mai bis September bieten die Stadtentwässerungsbetriebe Köln deshalb Führungen an. Unter fachkundiger Leitung werden Gruppen von knapp 40 Menschen in die Tiefe gelotst. Etwa acht Meter unter dem Straßenniveau hängt er dann – der Leuchter. Inzwischen hat man einen neuen, elektrischen Kronleuchter aufgehängt. Die Luft dort unten ist durch die Abwässer recht feucht und aggressiv. So ein Schmuckstück muss regelmäßig renoviert werden.

Für die Stadtentwässerungsbetriebe sind die Führungen recht aufwändig: Vorher muss der Kanal gründlich gereinigt werden, denn im Abwasser schwimmen natürlich alle möglichen Keime mit vorbei. Auch so duftet das „Kölnische Wasser" dort unten ziemlich streng. Trotzdem sind die Führungen den ganzen Sommer über ausgebucht – und erst recht die Konzerte! Diese Konzertreihe ist etwas ganz Besonderes: An fünf Abenden im Jahr werden Stühle im Überlaufbauwerk aufgestellt und es findet eine klassische Konzertreihe statt. Die ist auf Jahre hinaus ausverkauft.

Wer also gerne wirklich alle 50 Dinge machen möchte, die ins WDR 2 Ranking kamen, der sollte sich beizeiten melden, die Wartefrist ist recht lang. Aber dann kann man sich Händels berühmte Abwassermusik anhören, Mozarts Ode an die Feudel – oder den Kanal der Tiere von Camille Saint-Saëns …

Der sagenumwobene Leuchter unterm Rhein

So kommt man in die kaiserlichen Kanäle

Führungen im historischen Kronleuchtersaal, Mai bis Sept. einmal monatlich samstags. Treffpunkt: Theodor-Heuss-Ring/Ecke Clever Str. in 57668 Köln

Da es immer mehr Nachfrage gibt, als Plätze zur Verfügung stehen, muss man sich vorab anmelden unter Tel.: 0221 / 22126845, E-Mail: ralf.broecker@steb-koeln.de
Hier kann man sich auch nach den Konzerten erkundigen.

Bei so viel Post braucht selbst das Christkind viele fleißige Helfer

Ans Engelskirchener Christkind schreiben

Die berühmte Adresse für Wunschzettel

■ „Engelskirchen – hier wohnt das Christkind" wirbt die Gemeinde im Oberbergischen. Doch einmal dort angekommen, ist es gar nicht so leicht, das Christkind und vor allen Dingen sein Postamt zu finden. Unter der Adresse „An der Post" sieht man zwar jede Menge Züge und S-Bahnen, aber kein Christkind. Und ihre Post geben die Engelskirchener schlicht in einem Schreibwarengeschäft ab.

Es ist, wie mit so vielen Dingen um Weihnachten herum: geheimnisvoll!

Werden die Tage kürzer und liegt der erste Plätzchenduft in der Luft, offenbart sich auch plötzlich die Christkind-Postfiliale. Zu finden ist sie dann im alten Baumwolllager im LVR-Museum, und dort kann man dem Christkind in der Adventszeit sogar hin und wieder bei der Arbeit zusehen. Mit rund zwölf Helferinnen macht es sich daran, die Wunschzettel aus aller Welt zu beantworten.

Vor mehr als 25 Jahren kamen die ersten Briefe mit der Anschrift „An das Christkind" in Engelskirchen an. Eine damalige Mitarbeiterin des Postamts wollte die Kinder nicht enttäuschen und beantwortete die Weihnachtspost. Aus den einzelnen Briefen sind mittlerweile rund 150.000 pro Jahr geworden, und nach wie vor bekommt jedes Kind eine Antwort auf seinen Brief. Die geht dann mit Weihnachtsmarke, Sonderstempel und einer kleinen Überraschung nach China, Amerika oder einfach in den Nachbarort.

Was das Christkind außerhalb der Weihnachtszeit macht, und ob es neben Engelskirchen vielleicht noch einen Zweitwohnsitz als Sommerresidenz hat, das weiß man nach einem Besuch im Oberbergerischen zwar nicht, aber glücklicherweise ist die Postadresse das ganze Jahr über gültig. Und das Christkind antwortet nicht nur auf Wunschzettel, sondern auch auf andere Fragen. Also: Liebes Christkind, was machst du denn so im Sommer?

Ein eigener Briefkasten nur für Wunschzettel

So kommt der Wunschzettel garantiert an

An das Christkind
51777 Engelskirchen

Geöffnet hat das Christkindbüro ab Mitte November.
Öffnungszeiten für den Publikumsverkehr erfährt
man unter www.engelskirchen.de
(Menüpunkt „Sport ... Tourismus", „Das Christkind wohnt in Engelskirchen")

Das Museum Ludwig nahe dem Kölner Dom – Stellvertreter für Nordrhein-Westfalens Museen

Ein Bild im Museum Ludwig interpretieren

Die Gedanken sind frei – auch in der Kunst

Nordrhein-Westfalen bietet an die 700 Museen. Daher steht dieser Hörervorschlag stellvertretend für viele, viele Gelegenheiten, sich mit Kunst und Kultur zu beschäftigen.

Um ein Kunstwerk für sich zu interpretieren, braucht man übrigens nicht studiert zu haben. Es schreibt Ihnen schließlich niemand vor, was Sie sich zu einem Bild denken. Eine schöne Anregung kann es aber sein, sich unauffällig in einen Ausstellungsraum zu setzen und einfach zuzuhören, was andere Leute zu einem Werk zu sagen haben. Experten, Laien, Lehrer mit Schulklassen – wenn man etwas Zeit mitbringt, erfährt man viel über manche Bilder (oft mehr, als der Künstler oder die Künstlerin selbst bei der Herstellung bedacht hat) – und so manches über die eigenen Zeitgenossen!

Für Experten und Banausen

Das Museum Ludwig ist spezialisiert auf Moderne Kunst, also Werke aus dem 20. und 21. Jahrhundert. Neben den ständigen Ausstellungen gibt es auch immer Sonderschauen, die sich einem bestimmten Thema oder Künstler widmen.

Heinrich-Böll-Platz in 50667 Köln, Tel.: 0221 / 22126165, www.museum-ludwig.de

Geöffnet: Di–So 10–18 Uhr, jeden ersten Do im Monat bis 22 Uhr
Eintritt: EUR 10,-, erm. EUR 7,- (Tipp: Kölner Einwohner und Einwohnerinnen haben jeweils am ersten Donnerstag im Monat freien Eintritt in die ständige Sammlung).

www.jungekunstfreunde.de richtet sich an Kunstinteressierte unter 28 und bietet ein Programm aus Vorträgen, Atelierbesuchen und Diskussionen. Es ist eine Initiative der „Freunde des Wallraf-Richartz-Museums und des Museums Ludwig" (www.museumsfreunde-koeln.de).

Die größte Pop-Art-Sammlung außerhalb der USA ist im Museum Ludwig zu Hause

ORTS- UND STICHWORTREGISTER

Bildnachweis

TITEL:
Gr. Bild: Joe.Gockel/fotolia.com
Kl. Bilder (v.l.n.r.): AndreasEdelmann/
fotolia.com, Julian Rochlitzer/WDR,
picture-alliance/dpa, Hubert Stroetmann/
Stadtmarketing Vreden, Marco Alfeo/WDR

RÜCKTITEL:
V.o.n.u.: Ray/fotolia, Dieter Bey/WDR,
Cornelia Eidmann, Zeitgeist Media

WDR:
Alfeo, Marco: U2 links unten, 6 rechts, 10,
11; Bey, Dieter: 6 links, 7 oben, 99, 100, 145,
146, 147, 148, 149 links; Brill, Thomas: 38,
39, 50; Maurer, Bernd-Michael: 8, 9; Raphael,
Fabian: 40, 41, 42, 43, 44, 45, 52; Rochlitzer,
Julian: U2 rechts unten, 7 Mitte, 7 unten, 14,
15, 16, 63, 64, 65, 66, 124, 125, 126, 128, 129;
Sachs, Herby: 22, 47, 111; WDR: 9 oben

Cornelia Eidmann:
U2 rechts oben, 28, 29, ,34, 35, 53, 54, 55,
72, 74, 75, 92, 102, 104, 105, 107, 108, 109,
119, 127, 132, 133, 134, 150, 155 unten

Martin Nusch:
18, 19, 59, 60, 61, 85, 113, 136, 137, 138 rechts,
149 rechts, 152, 153

picture alliance:
80, 87, 88; dpa: 49, 81, 96, 97, 151; Bildarchiv
Monheim: 93; Rainer Hackenberg: 112; Sven
Simon: 20

fotolia.com:
AndreasEdelmann: 31; Artalis: 4, 5; Bagusat,
Tanja: 123; Bonnel, Stephane: 90; einstein:
135; fotobeam.de: 140; fotos4people: 17; gold-
bany: 79; Henk, Kica: U2 links oben; Ishchenko,
Alex: U2 rechts Mitte; K. Malena und Philipp:
131; Link, Winston: 106; nyul: 122; Onkelchen:
69 oben; Race, Dan: 123; Sigaev, Roman: 78;
stockone: 86; VRD: 121; Waldukat, Heinz: U2
oben Mitte

Sonstige:
Bathe, Wolfgang: 67; Bielefeld Marketing: 36;
Bierwald, Simon /Stiftung Mercator: 46; Böh-
ning, Christian / Tourist Information Paderborn:
94; Christoffel, Lara: 68, 69 unten, 98; Deutsche
Post: 154, 155 oben; Dümmermann, Thomas /
RAG: 12; Elspe Festival GmbH: 76, 77; Ferienwelt
Winterberg: 130; Franke, Oliver /Tourismus
NRW e.V.: 91, 110; Gesing, Gitta: 114, 115, 116;
Jonek, Sarah: 32; Jung, Roland / Soestmar-
keting: 51; Junkes, Norbert / MPIfR: 89; Kan-
nengiesser, Jörg: 2; KölnTourismus GmbH:
26, 27; Kordt, Klemens / Attendorner Tropfsteinhöhle: 101, 103; Piwowar, Holger: 70;
Riehle, Tomas / arturimages: 156, 157; Ruhr
Tourismus / Jochen Schlutius: 118; Ruhr Tou-
rismus GmbH: 23, 24, 117; RUHR.2010/ Michael
Kneffel: 48; Sauerland-Tourismus e. V.: 141,
142; Schälte, Bernd / Landtag NRW: 120;
Schüssler, Matthias / Tourist Information Paderborn: 95; Sondermann, Michael / Presse-
amt Bundesstadt Bonn: 58; Stadt Minden:
139; Stroetmann, Hubert / Vreden Stadtmarketing GmbH: 143, 144; Ulli Weber: 30; VVV
Zuid-Limburg: 56, 57; Wasserski Langenfeld
GmbH: 83, 84; Wittig, Detlef: 37; Zweckverband
Selfkant: 138 links